FACILITATION

ファシリテーションの正攻法

論点思考 × 累計1万時間の実践知

MAVIS PARTNERS株式会社 プリンシパル 田中大貴

SOGO HOREI PUBLISHING CO., LTD

STRAIGHTFORWARD APPROACH

はじめに

私はコンサルタントを生業としています。コンサルタントといっても、それを名乗るための資格があるわけではないので、世の中にはいろいろな専門のコンサルタントがいます。私の場合は、M&Aや戦略に関するコンサルティングが専門です。日々、M&Aや戦略の検討に関して、クライアントと議論をする中で、ファシリテーションが求められます。

本書の中でも解説しますが、ファシリテーションとは、会議の議論をファシリテートする（円滑に進める）こと。コンサルタントとしては、必須の技術と言っても過言ではありません。

これまでに、私がコンサルタントとしてクライアントとの会議でファシリテーションをどれぐらいの時間してきたのか推算してみると、およそ1万時間でした。なお、この1万時間には、会議に参加しただけの時間はカウントしていません。自分で会議設計をして、自分が進行した会議の時間だけをカウントしておよそ1万時間です。

どのような業界でも、「1万時間の経験をすれば一人前になれる」といわれますので、私もファシリテーターとしてはようやく一人前になったぐらいのレベルなのかもしれません。

加えて、これまでにファシリテーション研修を100回以上提供してきました。弊社では、コンサルティングサービスとは別に法人研修も提供しているので、それ単独でご依頼されて提供することもありますし、コンサルティングサービスを提供している中で、クライアントから、「ファシリテーションについて教えてくれませんか？」と請われて、オプションサービスとしてファシリテーション研修を提供することもあります。

また、これまで在籍していたコンサルティング会社の中で、社内講師としてもコンサルタント向けにファシリテーションのノウハウを伝えてきました。

いわゆる法人研修には、自発的に参加する人もいれば、会社派遣で〝受けさせられている人〟もいます。後者の中には、「ファシリテーションなんて司会進行でしょ」と斜に構えている方も稀《まれ》にいますが、そういった方々でも、研修後には「ファシリテーションってすごいんですね」とか、「これができたら一生食いぶちに困らないですね」なんてことを言ってくれます。

私はファシリテーション以外にも、M&Aやファイナンスの研修コンテンツを持っていますが、その中でも研修満足度が最も高いのは、圧倒的にファシリテーション研修です。

本書では、私が経験してきた、累計およそ1万時間のファシリテーションを通して蓄積した「ファシリテーションの極意」を余すことなく解説しています。私がこれまでに研修でお伝えしてきた内容がベースとなっています。

本書で解説した内容を身につければ、一生食いぶちに困らない…かどうかは分かりませんが、少なくとも今の職場で希少価値は高まることでしょう。そして、会議における議論だけではなく、今抱えている仕事自体も〝ファシリテートされる〟（円滑に進められるようになる）はずです。

なお、本書で解説している内容は、全て私自身が日々の仕事で使っているツールであり、指針にしている考え方です。

私のポリシーとして、自分が試してみて実際に効果が感じられなかったものはオススメしません。従って、これまでのコンサルティングの現場で、私がクライアントと議論する中で、実際に使えたもの、有効に機能したもの、汎用的に使えたものだけを選抜しました。そういう意味では、（私の経験を信じていただけるならば）本書は非常に実践的であり効果的であると思っていただいて間違いありません。

本書の前半は、ファシリテーションの〝鉄則〟について書きました。「良い会議」の定義から、ファシリテーションの役割、ファシリテーターの守備範囲について、私の考えをまとめています。そして、「事前準備」「当日の会議進行」「事後整理」と、フェーズ別に、ここだけは押さえてほしいという内容を整理しました。

ファシリテーターを単なる〝司会進行〟と思っている方には意外かもしれませんが、実は、ファシリテーターの仕事の半分は「事前準備」にありますし、「事後整理」まで完了して役割をようやく終えることになります。

後半は、ファシリテーションに少し慣れてきた方向けに、さらなる高みを目指すための〝掟〟について書きました。

私がこれまで見てきた限りでは、初心者でも、大体20回ぐらいのファシリテーションの場数を踏めば、頭と身体が慣れてくるようです。難易度が高い会議でなければ、そつなくこなせるでしょう。しかし、そこからの成長曲線が鈍化してしまう傾向が見られます。そこで、初心者でなくなった方が陥りやすい罠に触れながら、成長を加速させるための掟を示しました。

読んで、試して、飛躍的な成長をしてください！

MAVIS PARTNERS　田中大貴

第1部 ファシリテーションの鉄則

第1章 ファシリテーターとは?

第2章 事前準備の鉄則

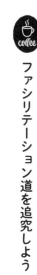

第3章 会議進行の鉄則

第4章 事後整理の鉄則

第2部　ファシリテーターの成長を加速させる掟

第5章　スピーキングの掟

第6章　リスニングの掟

本文デザイン・DTP・図表：横内俊彦
カバーデザイン：木村勉
校正：新沼文江
編集：市川純矢

第1部

ファシリテーションの鉄則

第1章

ファシリテーターとは？

ファシリテーターの役割

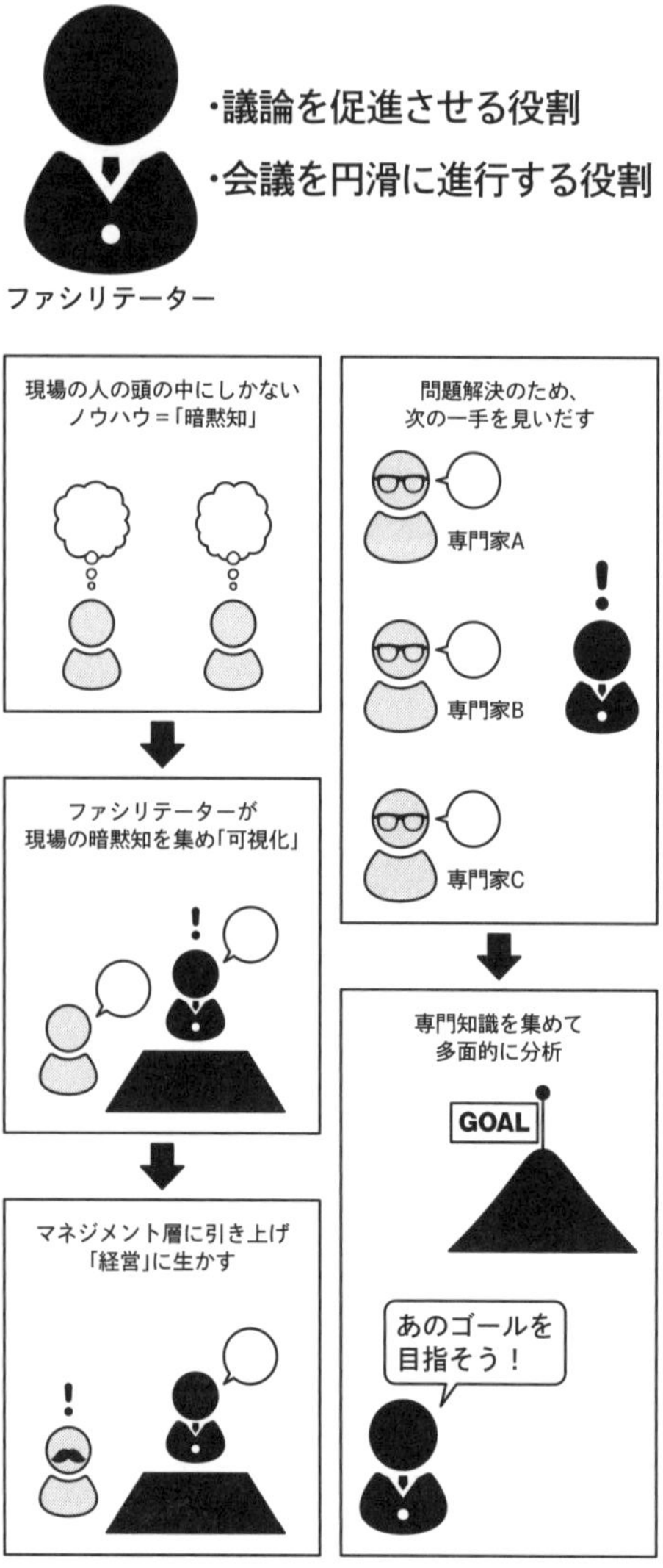

・議論を促進させる役割
・会議を円滑に進行する役割
ファシリテーター
現場の人の頭の中にしかないノウハウ＝「暗黙知」
ファシリテーターが現場の暗黙知を集め「可視化」
マネジメント層に引き上げ「経営」に生かす
問題解決のため、次の一手を見いだす
専門家A
専門家B
専門家C
専門知識を集めて多面的に分析
GOAL
あのゴールを目指そう！

皆さんは、〝ファシリテーター〟といえば、どのようなイメージを持っていますか？

英語で、facilitateは〔物・事が仕事などを〕楽〔容易〕にする、促進する、円滑に進める、手助けする」という意味です。その派生語がfacilitatorなので、ファシリテーターとは、一言で言えば、「促進する人、円滑にする人」ということ。**議論を促進させる役割、会議を円滑に進行する役割を担っています。**

このような説明をすると、「ファシリテーターなんてやっぱり司会のようなもので、いなくたって会議で議論はできる」と言われたりします。

実際、読者の皆さんも、「ファシリテーターは必要だと思いますか？」と聞かれても、「もちろん！　必要だよ！」と確信を持って言える人は少ないのではないでしょうか？

確かに、会議の場にファシリテーターがいなくても、会議が進行することはあるし、しっかり議論ができて、議論したかいのある結論が出る場合もあるでしょう。

そのため、一般的なファシリテーターに対するイメージは、「会議にいたほうが良さそうだけど、どうしても必要なわけではない」という程度じゃないかと思います。

しかし、それに対して、あえて言いたいのは、会議において、ファシリテーターは必須だということです。厳密に言えば、これからもっともっとファシリテーターという役割は必須になっていくと思います。

その場でなんとなく方向性を確認して終わるだけの打ち合わせなら不要かもしれませんが、**高確率で、しっかりと議論をして結論を出したいならば、ファシリテーターは必須です。**ファシリテーターがいてもいなくても変わらないと考える人は、ファシリテーターがもたらす効果について、残念ながら、まだ体感したことがないのだと思います。

では、なぜファシリテーターが必須なのでしょうか？

なぜこれからもっと必須になっていくのでしょうか？

それは、**一言で言うと、世の中の問題解決が難しくなってきているからです。**

一昔前こそ、欧米型の経営知識で現状を整理し、あるべき論を打ち立てれば、それが正解と呼ばれていたかもしれません。しかし、今の時代、問題はあらゆる要素が絡み合い、一筋縄では解決ができなくなっています。学校で学べるような経営手法やフレームワークを使えば簡単に正解が出るような単純な時代ではないのです。

ＶＵＣＡ（Volatility・Uncertainty・Complexity・Ambiguity の頭文字を取った造語）という言葉が聞かれて久しいですが、私たちは、今、不確実性の高い時代に生きています。時代や環境の変化とともに、人々の趣向は変化し、業界におけるルールも徐々に変化していきます。何かをきっかけにそのルールが一変し、昨日まで覇者だった企業が凋落《ちょうらく》し、名も無き企業が突然台頭してくることもあります。**昨日まで〝正解〟だったことが、気づけばいつの間にか〝不正解〟にもなってしまうのです。**

そういった時代で必要な力は何でしょうか？

私は「適応力」だと考えています。

市場の変化にいち早く気づけるか、その変化が生じている理由に対して鋭い仮説が出せるか、その仮説に基づいて適切な行動ができるか。そして、当初設定した仮説が間違っていれば、迅速に軌道修正ができるか。

ダーウィンが『種の起原』で用いた概念として、「適者生存（survival of the fittest）」がありますが、組織間における生存競争においても同様で、環境に最も適したものが生き残るのではないでしょうか。

環境変化に真っ先に気づけるのは、マネジメントではなく現場の方々です。現場の暗黙知を集め、可視化し、経営に生かすことが求められます。また、幅広な知識を持つジェネラリストだけでは対処できない問題に対しては、あらゆる専門家を集めて、多面的に分析し、次の一手を見いだす必要があります。

いずれも、**明確な論点を定め、参加者から有益な意見を引き出し、現時点における「最も妥当な解」を導出できるスキルが必要です**。それがファシリテーションであり、組織の「適応力」を担保することにつながるのです。

まとめ

- ファシリテーターとは最も妥当な解を導出する人
- 不確実性の高い時代において必要なのは「適応力」
- ファシリテーションスキルは、組織の「適応力」を担保するもの

「良い会議」を定義できていますか？

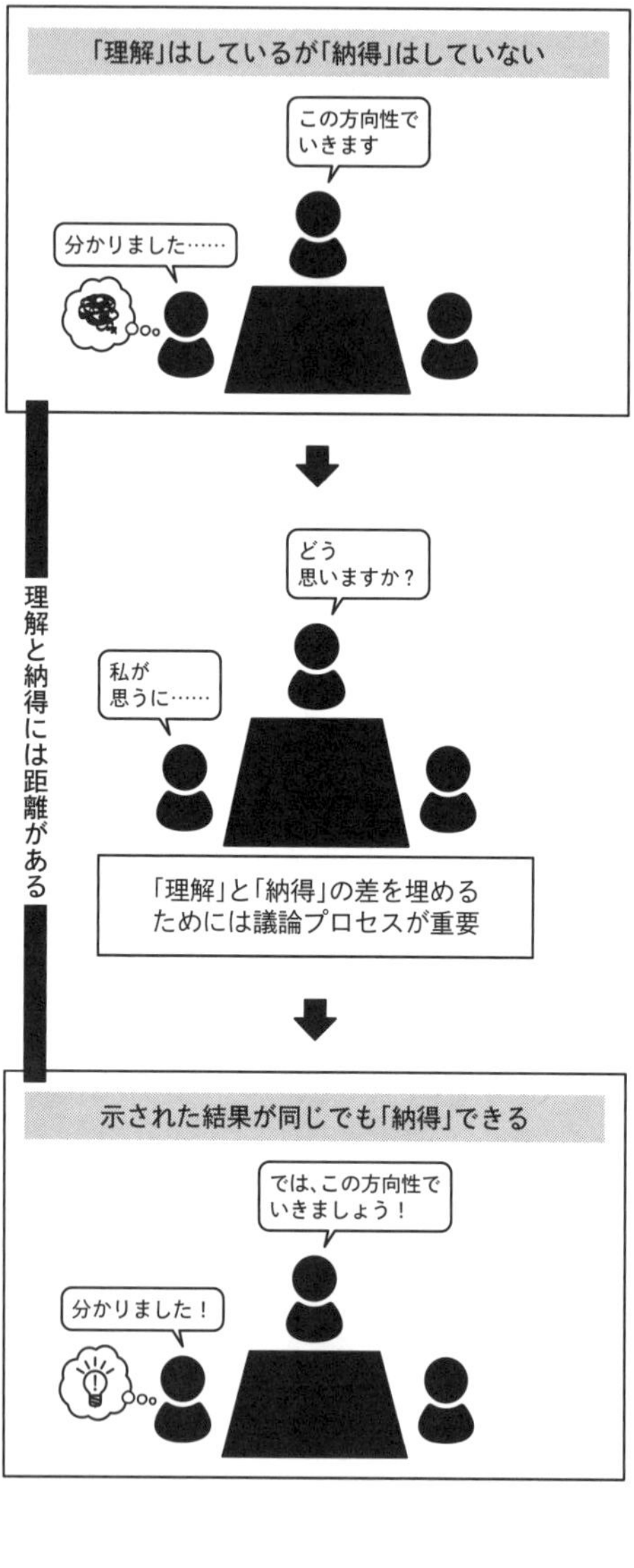

これからファシリテーションのエッセンスについて解説していくわけですが、大前提として、「良い会議」というものを定義しておく必要があります。

どのような会議が良くて、どのような会議がダメなのか。その目線合わせをしておかないと、ファシリテーターとしての目指す姿が決まりません。

何事もゴール設定があったうえで、そのゴールにたどり着くために何が必要なのか、といった逆算思考が重要です。ファシリテーションに関しても同様です。「良い会議」を自分の言葉で定義して、しっかりイメージを持つことが肝心でしょう。

皆さんがこれまで参加した会議の中で、「良い会議」とはどのような会議だったでしょうか？　議論が盛り上がった会議？　しっかりと結論が出た会議？　時間通りに終わった会議？　それとも、一生懸命考えた企画を通せた会議？

どれが正しくて、どれが間違っているのかということではありません。人によっていろいろなイメージがあると思います。**「良い」という表現は、相対的であり主観的です。**なので、何と比べて良いのか、誰にとって良いのか、それらとセットで考えないと、「良い」が独り歩きをしてしまうのです。

本書では、「良い会議」を、「参加者から、あらゆる知識・知見・経験を集め、建設的な衝突を行うことで、全員が〝納得できる解〟をつくりあげる場」と定義しています。

1つ目のポイントは、会議にあらゆる情報を集めるということ。ファシリテーターは参加者から意見を引き出し、整理していく必要があります。

2つ目のポイントは、論点ベースで互いの仮説をぶつけ合い、意見を昇華させること。私はそれを「建設的な衝突」と呼んでいます。

最後3つ目のポイントは、議論を経て出た結論に対して、参加者全員が納得できるということ。

最後のポイントが1番難しいかもしれません。**〝納得〟というのは、相手が言っていることは理解できたうえで、それが最も妥当だといえる状態です。**納得の前には、まず、〝理解〟というハードルがあります。

例えば、Aさんが発言したとしましょう。ファシリテーターは、全員が理解できるように、Aさんの意見を咀嚼《そしゃく》して、時には通訳して、理解を伝播《でんぱ》させる必要があります。そのうえで、他の意見とも比較して、何が妥当なのか議論して考えていきます。

「良い会議」では、強引に意見を通すことは、あってはならないのです。

私が、「良い会議」を、「参加者から、あらゆる知識・知見・経験を集め、建設的な衝突を行うことで、全員が〝納得できる解〟をつくりあげる場」と定義している理由は、前項でも触れた通り、今の時代において、「唯一の正解」は存在しないからです。昨日は正解だと思ったことも、今日は不正解かもしれない。

もし、〝解〟があるとすれば、それは現時点で「最も妥当な解」でしょう。会議において重要なのは、正解を模索する姿勢ではなく、議論を通して、最も妥当で、全員が納得できる解を抽出する姿勢なのです。

では、会議において、〝納得できる解〟をつくるためには、どうすればよいでしょうか？　先述した通り、まずは発言者の意見について全員が「理解」できるように、ファシリテーターが理解を〝伝播〟させることが重要です。

ただ、それだけでは不十分です。「なるほどね、分かった」という「理解」と、「まさにその通りだ、腑に落ちた」という「納得」には距離があるからです。**この「理解」の先にある「納得」を促すためには、議論成果だけではなく、「どのように議論していくか?」という議論プロセスが重要になります。**

理由は、至極単純です。人は、一方的に決められたことや言われたことに対して、理解はできても納得はしにくいからです。結果だけ示されても、自分の中で消化しきれていなければ、理解はできても納得はしにくい。

一方、自分がゼロから関わり、侃々諤々《かんかんがくがく》議論してきて決まったことならば、一方的に示された結果とたとえ同じ内容だったとしても、納得のしやすさが全く違います。これがファシリテーションで最も重要な根本思想です。

「人は、自分が関与してこなかったものには納得しにくい」。

ぜひ覚えておきましょう。

まとめ

- 「良い会議」とは、全員が〝納得できる解〟をつくりあげる場
- 「理解」と「納得」は違い、「理解」の先に「納得」がある
- 「納得」を促すには、議論成果だけではなく、議論プロセスが重要

ファシリテーターは何に責任を持つ?

コンテンツ
（ファクト・意見）

×

プロセス
（議論の道筋）

コンテンツの責任者は
会議参加者

プロセスの責任者は
ファシリテーター

●コンテンツの一例

【ファクト】
「昨対で10％アップしました」

【示唆】
「私は～だと思います」

【提言】
「プランAでいくべきです」

●プロセスの一例

【問いかけ】
「その数値が示す意味は
何でしょうか？」

【質問】
「そう思われる根拠は
何でしょうか？」

【振り】
「～さんは
どう思われますか？」

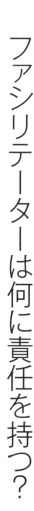

前項で、「納得できる解」をつくるためには、議論成果だけではなく、議論プロセスが重要であると述べました。逆に言えば、「納得できる解」を求めていなければ、議論プロセスは重要ではないということです。

トップダウンの組織であれば、トップが「これでいくぞ！」と言えば済むかもしれません。メンバーは出た結論に従って動くだけなので、納得するか否かは関係ないのです。

しかし、**「納得できる解」をつくりたければ、ファシリテーターが議論の道筋をつくり、全員が納得できる進め方で、議論を進行させていく必要があります。**

「納得できる解」に関して、私の考え方を構造化してみると、「コンテンツ×プロセス＝納得できる解」という方程式ができます。

「コンテンツ」というのは、会議の中で示される情報や意見を指します。

一方、「プロセス」というのは、議論の道筋を指します。

この方程式の通り、「納得できる解」をつくるには、もちろんコンテンツが良いことも重要ですが、プロセスが良いことも同等に重要です。そして、この掛け算が意味する通り、

いくらコンテンツが良くても、プロセスがイマイチならば、「納得できる解」をつくることはできないのです。

例えば、コンテンツは、「売上は昨対で10%アップしました」という〝ファクト〟だったり、「私は~だと思います」という〝示唆〟だったり、「プランAでいくべきです」という〝提言〟だったりします。いわゆる会議における〝発言内容〟と思っても良いでしょう。

これらは、会議参加者から発信される内容なので、**コンテンツの責任は会議参加者にあります。**会議に参加して何も発言せずに終わってしまった場合は、会議参加者としての責任を果たしていないということです。会議において、〝沈黙は金〟ではなく、〝悪〟です。

他方、プロセスは、「その数値が示す意味は何でしょうか?」というファクトから示唆を促す〝問いかけ〟だったり、「そう思われる根拠は何でしょうか?」という意見に根拠を求める〝質問〟だったり、「~さんはどう思われますか?」という〝振り〟だったりします。議論の道筋をつくるようなフレーズです。これらは、ファシリテーターから発信される内容なので、**プロセスの責任はファシリテーターにあります。**

会議の中で、議論が停滞してしまった場合や、右往左往してしまった場合は、その会議のファシリテーターに責任があります。

つまり、ファシリテーターは、コンテンツに対しての責任は持たなくて良いということです。むしろ、議論の中身に入ってはいけないと言っても良いかもしれません。ファシリテーターが議論に入ってしまい、意見を言ってしまうと、議論の結論をそっちに向かわせたいかのように見られてしまうからです。ファシリテーターはコンテンツに関しては、あくまで中立でいるべきでしょう。

意外に思われるかもしれませんが、**ファシリテーターはその職場の若手のほうがやりやすいはずです**。実務知識が浅いからこそ、中立に議論を進められます。

一方、ファシリテーターは、プロセスに対しての責任は持たなければなりません。会議目的を達成するためには、どのような論点に対して議論をするべきか？扱う論点の順番は？

どのような問いかけから議論を始めるのが適当か？
そういった入念な事前準備をする必要があります。

何も考えずに会議に臨み、ファシリテーターをしようとするならば、それは無謀としか言えません。**準備ができたら、当日は、会議の〝黒子〟に徹し、議論の道筋をつくること。それがファシリテーターの役割です。**

とはいえ、実際は、「～さんはどう思うの？」と、会議参加者からファシリテーターが質問されることもあるでしょう。あるいは、この論点に対しては、自分の意見をどうしても言いたいというときもあるでしょう。そういう場合には、必ず一言断ってください。「今から言う内容は、ファシリテーターとしてではなく、会議参加者としての意見です」と。

そして、会議参加者から見て右側にいた場合は、話すときだけ左側に回って話し、終わったら、また右側に戻るとなお良いです。**会議参加者とファシリテーターの役割を使い分ける工夫です。**

まとめ

- コンテンツ×プロセス＝納得できる解
- ファシリテーターは、議論プロセスの責任者
- ファシリテーターは、会議の〝黒子〟に徹し、議論の道筋をつくることに特化する

ファシリテーターの守備範囲

	事前準備	会議進行	事後整理
主な目的	・目的を明確化 ・議論プロセスを設計 ・必要なモノを準備	・参加者全員が納得できる進め方で、納得できる解を構築	・関係者に会議成果を共有し、経営判断に資する材料を提供
必要なスキル	・ローギアなロジカルシンキング ・議論手法の引き出し	・ハイギアなロジカルシンキング ・〝空気〟形成力	・会議成果を分かりやすく整理し、そこから示唆を抽出する力
必要なマインド	・会議の場を予測して想像する意識 ・リスク回避の思考	・分からないときには臆せず議論に切り込む度胸 ・話し手への共感力	・愚直さと丁寧さ ・喜ばれたい精神

　これまで、ファシリテーターは議論プロセスに責任を負うものであり、その役割は、会議で〝黒子〟に徹し、議論の道筋をつくることであると述べました。

　この役割を果たすためには、会議の時間だけ奮闘しても不十分です。議論の道筋をしっかりつくるには、入念な「事前準備」が必要ですし、当日の会議が終わった後には、次回会議の議論プロセス検討につなげるための「事後整理」が必要です。

　つまり、**ファシリテーターの守備範囲は、「事前準備」「会議進行」「事後整理」と３つのフェーズに分けることができます。**

　「事前準備」では、会議目的を明確化し、議論プロセスを設計して、議論に必要なモノを準備します。**特に、会議目的はファシリテーターにとっては最も重要であり、これがはっきりしなければ、どうなれば会議が成功したといえるのかも判断がつきません。**

　そして、会議目的に対して、それをどのような論点で、どのように議論していくか？　それが議論プロセスです。会議目的が〝ゴール地点〟だとしたら、議論プロセスは、〝航路〟のようなもので、それらがなければ、会議でどこに向かってどう議論していくか迷子になってしまいます。

「会議進行」では、「事前準備」フェーズで設計した議論プロセスに沿って、参加者同士の議論を促していきます。

「参加者全員が納得できる進め方で、納得できる解を導出できる会議」が理想なので、議論に入る前に、議論プロセスについて、会議冒頭でしっかり説明することが重要です。

どのような航路をたどってゴール地点に向かおうとしているのか、船出をスタートさせる前に乗員全員が知っているべきでしょう。後は設計した通りに、議論を進めていきます。当日の会議進行の質は、事前準備の質によります。

「事後整理」では、会議成果を分かりやすく整理し、関係者に速やかに共有します。**いくら会議で議論が盛り上がり、会議目的をしっかり達成できたとしても、その成果が伝えられないと、宝の持ち腐れになってしまうからです。**

最もポピュラーな方法が議事録を作成して関係者に展開することですが、議事録は初見の人が読んでも、スピーディに意味が汲み取れるようなものになっているのが理想です。また、当該フェーズでは、今後の会議の進め方に生かせるように、会議の振り返りをすることもオススメします。

このように、私が提唱する〝ファシリテーター〟の守備範囲は、会議進行だけではなく、会議前後の役割も担います。会議進行だけに留まらない理由は、会議において〝納得できる解〟を導出し、それを価値として、組織内で有効活用するためです。

言い換えれば、**ファシリテーターとは、会議から価値を創出する役割を担うものであり、いわば、Meeting Value Producer といえるでしょう**。そのようなスタンスでいれば、ファシリテーターのマインドとしては一人前です。価値を創出できて初めてファシリテーターといえるのです。

なお、「事前準備にはどれぐらい時間をかければいいですか？」とよく聞かれます。

私の場合は、**「事前準備」と「会議進行」と「事後整理」で、（調査・分析・資料作成時間は含めずに）6：3：1の割合で時間を使っています**。

例えば、1時間の会議ならば、2時間を事前準備に、30分を事後整理に充てています。ただし、この比率は、その方のファシリテーションスキル次第で変わります。私も若手のころは、会議時間の10倍以上の時間を事前準備に使っていましたし、経験とともに、今の比率に落ち着いてきました。

それをもって、初めのうちは会議時間の10倍は会議準備に使いましょう…なんてことを言う気はありませんが、会議時間に対して、ほとんど事前準備に時間を使っていなかった方は、もう少し事前準備に頭と時間を使ってみると、当日の会議進行もスムーズに進められると思います。

製造業において、〝後工程はお客様〟という標語があります。**ファシリテーションでも同様で、事前準備がしっかりできていれば、当日の会議進行もうまくいきやすくなりますし、会議進行がうまくできれば、事後整理も簡単になるのです。**

まとめ

- ファシリテーターの守備範囲は、「事前準備」「会議進行」「事後整理」と3つのフェーズに分かれる
- ファシリテーターとは、Meeting Value Producer である
- ファシリテーターの時間の使い方として、6：3：1を目指そう

ファシリテーション道を追究しよう

ファシリテーターの守備範囲である、「事前準備」「会議進行」「事後整理」という3つのフェーズに必要なスキルやマインドとは何でしょうか？

「事前準備」では、会議目的から議論プロセスをじっくり論理的に組み立てる力や、会議の場を予測して想像する意識が必要です。

「会議進行」では、その場で議論を整理する頭の回転や、〝空気〟形成力、分からないときには臆せず議論に切り込む度胸が必要です。

「事後整理」では、成果を分かりやすく整理し、そこから示唆を抽出する力や、面倒くさがらずにやれる愚直さや丁寧さが必要です。

このように、**〝ファシリテーション〟と一口に言っても、フェーズごとに求められるスキルやマインドが異なります。**そして、それらは〝知識〟というよりも、〝知恵〟に近いものだと私は考えています。
「知識」と「知恵」の違いについて、私の理解を書きます。
「知識」とは、人が経験や学習から得た情報や事実の集積です。一方、**「知恵」とは、人が経験や学習から得た知識をもとに、問題解決をしたり、適切な判断をしたりする能力をいいます。**それには、獲得した知識を活用するための洞察力や創造力が含まれています。

「知識」と「知恵」は、獲得方法が違います。「知識」は、インターネットで調べたり、本を読んだり、人から聞いたりすれば、獲得できるものでしょう。一方、「知恵」は、先述した通り、知識をもとにした洞察力や創造力が含まれるので、ただ知るだけでは不十分です。「知恵」を獲得するには、知ったことを実際に生かしてみる経験が必要です。試行錯誤の経験を重ねることで、洞察力や創造力が成長していきます。また、常に自分の考え方や行動を振り返り、反省することで、知恵を深化させることができます。

ファシリテーションは、〝知恵〟に近いものなので、この「知恵の獲得方法」と同様に、経験を通してのみ上手くなっていきます。日々の実践を通して、身体と感覚で覚えていくのです。断言してしまいますが、いくら本を読んでも、セミナーを受けても、先輩の姿を見ても、それだけでは、ファシリテーションスキルは向上しません。知識が増えるだけで、知恵が得られないからです。

「ファシリテーションが上手くなるにはどうしたらいいですか?」とよく聞かれますが、私は「場数を踏むに限ります」と、必ず答えています。

とはいえ、ファシリテーションスキル向上のために、ただ闇雲に場数を踏めば良いというわけではありません。「守破離」という概念をご存じでしょうか? 武道や茶道などで、修業におけるステップアップを示したものです。

「守」は、基本的な技やルール、礼儀作法などを覚え、それを正確に実践することを目的とする段階。

「破」は、基本的な型を自分なりにアレンジし、変化させ、状況に応じて自在に使いこなせる段階。

「離」は、あらゆる技や形式から解放され、自分自身の創造性や直感に従って、自分の型を構築する段階。

守破離のステップと同様に、〝ファシリテーション道〟の第1歩は、「基本型」を身体と感覚で覚えてしまうことです。

「基本型」が身についたら、今度は自分のオリジナリティを出してみること。言い方や見せ方を工夫して、自分の使いやすい型にアレンジしてみましょう。

そして、最後は、既存の型にとらわれずに、自分なりの型でファシリテーションができることを目指しましょう。守破離のステップで日々成長し、最終的には、「自分流のファシリテーション」を見つけることが重要なのです。

また、**ファシリテーション〝道〟と述べた通り、ファシリテーションスキルにゴールはありません**。「自分はファシリテーション得意だよ」と思っても、上には上がいます。自分の道を追究しましょう。

私は今でも、ファシリテーションをした後には、一人反省会を開き、もっとこうすれば良かったかもしれない、次はこうしてみようと必ず振り返っています。日々反省だらけですが、今でも少しずつ上手くなっていると感じます。そして、自分なりのファシリテーションの型ができてきたかなと思い、本書でそれをお披露目しようとしているわけです。

第2章

事前準備の鉄則

事前準備を3工程に区切る

事前準備 → 会議進行 → 事後整理

	会議の企画	会議の設計	会議の手配
主なタスク	・本会議の目的を具体的に明文化 ・本会議を実施する意味があるか検討 ・本会議の実施タイミングを検討	・会議目的から検討論点を設計 ・検討論点を議論するための資料を用意 ・検討論点を議論するための参加者を選定	・インフラを用意 ・参加者を確保 ・会議目的・検討論点・会議資料を事前共有
留意点	・共有だけの会議は本来存在しないはず ・目的が具体的に書けない会議は無駄	・会議の良し悪しは検討論点で決まる ・論点があり、参加者がいる。逆はありえない	・ホワイトボードのない部屋で会議しない ・会議以外の時間を有効活用する

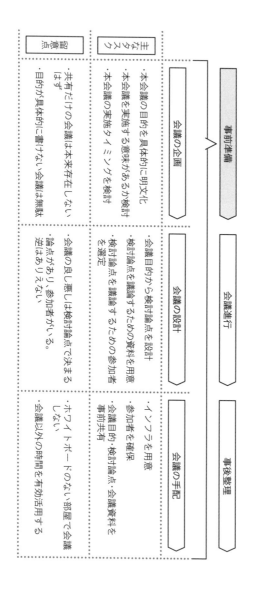

ファシリテーションの事前準備は、「会議の企画」「会議の設計」「会議の手配」という3工程に分けることができます。

会議に慣れていない場合、「次の会議の準備をしておいて」と上司に頼まれても、いったい何からやれば良いのだろうと困ってしまう方もいるかもしれません。とりあえず、会議場所を確保して、関係しそうな人に招集通知を出して、それっぽい資料を作る。そんな方もいるのではないでしょうか。しかし、事前準備は、論理的に考えると、3つの工程に分けて取り組むことができます。

「会議の企画」では、まずは、その会議の目的を具体的に明文化してみましょう。

なんとなく話し合わないといけないことは理解していても、いざ文章にしてみようとすると、なかなか書けないものです。「〜の検討」や「〜の協議」といった表現では曖昧なので、会議の目的としてはふさわしくありません。**何をする会議なのか、何を決める会議なのか、誰が読んでも分かるように書くことがポイントです。**

目的が具体的に書き切れない会議は無駄と言っても過言ではありません。〝会議目的なき議論〟は雑談にすぎません。

会議目的が書けたら、今度は、本当にその会議を実施する意味があるのか検討してみましょう。

報告するだけ、共有するだけであれば、メールで内容を展開するだけでいいかもしれません。あるいは、腹を割って話すことが目的であれば、フェイス・トゥ・フェイスで食事をしながら話し合ったほうが良いかもしれません。いずれにせよ、会議である必然性があるかは事前に考えておくべきです。

そして、**必然性があるのであれば、その会議目的はいつまでに達成できればよいのかという観点で、適切な実施タイミングが決まります**。

「会議の設計」では、会議目的を達成するために必要な検討論点を挙げます。

言い換えれば、「どのような問いに解を出せば、会議目的は達成できるのか？」といった〝論理的な逆算〟を行い、問いをリストアップしていきます。

複数ある論点の中でも、どれから議論すべきか順序も大事です。**その解くべき論点を適切な順番に沿って整理することを〝論点設計〟といいます**。会議の議論が盛り上がるかどうかは、この論点の内容で決まります。論点の筋が悪ければ、議論は停滞し、筋が良ければ、議論は活性化します。

論点設計ができたら、それら論点を議論するために必要な資料を準備します。それはデータや他社事例かもしれないし、分析結果かもしれませんが、全ては論点を議論するための材料として準備します。**闇雲に資料を作成するのではなく、しっかり論点ベースで考えることが重要です。**

そして、会議参加者も論点ベースで決めます。なんとなく関係者を呼ぶのではなく、「この論点を議論するために必要な人は誰か？」という考えで、会議参加者候補を決めていくのです。論点があり参加者が決まる。逆は論外です。

「会議の手配」では、会議に必要なインフラを用意しましょう。

例えば、想定の会議参加者数に適したサイズの会議室を確保しておくこと。ホワイトボードが使えるようにしておくこと。オンライン会議ならば、マイク・スピーカーが使えるようにしておくこと。言われてみればどれも当たり前なことですが、こういった事前準備が100％完璧にできている会議というのも稀ではないでしょうか？

会議室に人が入り切らないとか、ホワイトボードのペンが出ないとか、オンライン会議で音が聞こえないなど。そういった現象は枚挙に暇がありません。

加えて、この工程では、**会議目的・検討論点・会議資料の3セットを会議参加者に事前共有しておくことも重要です**。会議のリマインドを送るときに、併せてお知らせすると良いでしょう。この事前共有をするかしないかで、当日の会議進行具合は雲泥の差です。

会議参加者としては、会議の当日その場で、検討論点を聞かされ、会議資料を見せられても、理解するだけで精いっぱいになってしまいます。会議参加者の頭を、会議の場でフル回転させるには、会議以外の時間を有効活用することが重要なのです。

まとめ

- 「会議の企画」の工程では、会議目的を具体的に明文化すべし
- 「会議の設計」の工程では、会議目的から論点設計すべし
- 「会議の手配」の工程では、会議目的・検討論点・会議資料の３セットを事前共有すべし

会議にはAIM（狙い）が必要

A chievable
目的が達成可能であること

I mpactful
目的達成できたら価値があること

M easurable
目的達成度合いが判断できること

「会議の企画」において、**最も重要なのが会議目的を書き切ることです**。会議目的を具体的に明文化できなければ、会議をしても、時間だけが浪費され、徒労に終わってしまうでしょう。

皆さんが、普段参加している会議目的を振り返ってみてください。

会議目的を読んでみて、その会議の中で何を具体的に議論するかイメージが湧きますか？　議論する価値がありそうだなと思えますか？　会議が終わったときに、会議目的が達成できたかどうか客観的に判断できそうですか？　これらは全て会議目的の要件です。

私は、会議目的の要件を〝ＡＩＭ〟というフレームワークで整理しています。私の創作したフレームワークですが、重要なポイントを押さえていると思うので、よかったらぜひ参考にしてください。

Achievable（目的が達成可能であること）、Impactful（目的達成できたら価値があること）、Measurable（目的達成度合いが判断できること）の頭文字を取って、〝ＡＩＭ〟と呼んでいます。**「会議にはＡＩＭ（狙い）が必要」と思っておけば、忘れないのではないでしょうか**。以下、詳細を解説します。

まず、Achievable（目的が達成可能であること）について。

会議目的を書き切りましょうと言っても、**あまりに非現実的で理想の高すぎる内容を書いてしまうと、その会議目的は機能しません**。一般的に、会議時間は1時間、長くて2時間ぐらいの場合が多いでしょうか。その限られた時間の中で達成できることに留めないと、いくら頑張って議論したところで、会議目的は達成されず、その会議は不完全燃焼になってしまいます。自分の書いてみた会議目的が、その会議で達成できそうか否かは必ず確認しましょう。

次に、Impactful（目的達成できたら価値があること）について。

会議というのは、関係者の時間を等しく奪うものです。2時間の会議で5人参加したならば、合計10時間が消費されたことになります。仮に参加者の平均時給が5000円だとすれば、その会議で5万円が使われたということです。

このように、会議はコストがかかるものなので、そのコスト以上に価値のある議論をすべきなのです。**よって、会議目的の内容が達成できたとき、どれほど価値があることなのかは事前に考えておくべきでしょう**。

最後に、Measurable（目的達成度合いが判断できること）について。

会議目的に限りませんが、〝目的〟というものは、後々振り返ったときに達成できたか否かを客観的に把握できるように設定しておくべきです。そのためには明確に書くことが必要です。ただ、「明確に」と言っても、〝明確〟の基準は人それぞれなので、「達成できたか否かが分かるように」が重要です。**達成できたか分かるように書けていれば、それは明確に書けている証拠です**。自問自答で確認できるので、こちらも事前にセルフチェックしましょう。

ありがちな悪い表現としては、「～の確認」や「～の共有（報告）」があります。本当に確認してもらうだけ、共有するだけならば、会議という手段を使わなくても良いはずです。メールや口頭での説明で事足りるかもしれません。

一方、会議で確認や共有をする実際の理由は、何かしらの反応を参加者から得たいからでしょう。「フィードバックをもらうこと」かもしれないし、「現時点の課題を整理して、一緒に対策を考えること」かもしれない。目的というのは、そこまで書かないと、会議で何を議論するのか定まらないのです。

また、**悪い表現として、「〜の件」や「〜について」も散見されます。**これは、会議参加者に想像の余地を与えてしまうので、目的として機能しないというより、むしろネガティブに働いてしまう可能性があります。

人によっては、ただ現状を聞かされるだけなのかなと思うかもしれないし、人によっては、例の問題について議論することを想定するかもしれない。加えて、「〜の協議」も相手に想像の余地を与えてしまうという点では同じです。〝協議〟が何を指すのか、人によって違うので、議論が噛み合うことは難しいでしょう。

まとめ

- 具体的に会議目的を書き切るべし
- 会議目的の要件を押さえるにはＡＩＭを使うべし
- 「～の確認」「～の共有（報告）」「～の件」「～について」を会議目的にするべからず

良い論点とダメ論点

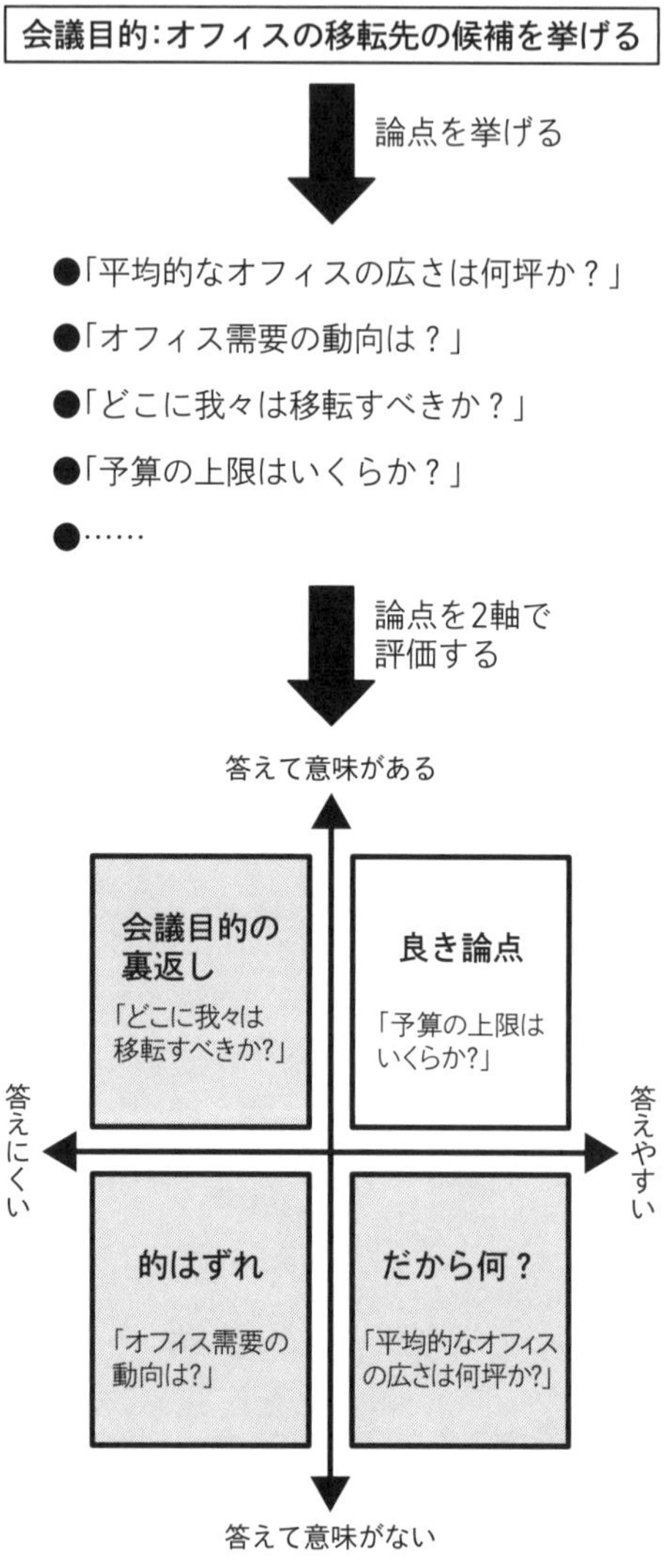
会議目的:オフィスの移転先の候補を挙げる
論点を挙げる
●「平均的なオフィスの広さは何坪か？」
●「オフィス需要の動向は？」
●「どこに我々は移転すべきか？」
●「予算の上限はいくらか？」
●……
論点を2軸で
評価する
答えて意味がある
会議目的の
裏返し
「どこに我々は
移転すべきか?」
良き論点
「予算の上限は
いくらか?」
答えにくい
答えやすい
的はずれ
「オフィス需要の
動向は?」
だから何？
「平均的なオフィス
の広さは何坪か?」
答えて意味がない

〝AIM〟のフレームワークで会議目的を設定したら、次は、会議で議論する論点を設計します。ふと疑問に感じた方がいるかもしれませんが、あえて、〝設計〟という言葉を使っています。会議目的は〝設定〟するものですが、論点は〝設計〟するものです。

論点は、会議目的を達成するために「答えるべき問い」です。どのような問いに対して議論すべきか熟考し、適切な問いを立てること。それが論点設計です。

論点が明確であれば、建設的な議論ができますし、逆に、論点が曖昧だと、会議はただの雑談で終わります。

「良き論点」の評価軸の1つとして「答えやすいか?」があります。論点は〝問い〟なので、答えやすいかどうかで、会議参加者は意見が言いやすいかどうかが決まります。意見が出にくい会議は、大概、提示した論点の筋が悪いのです。

もう1つの評価軸は「答えて意味があるか?」です。何かの目的を達成しようと検討していれば、疑問はたくさん出てきますが、それら全てに解を出そうとすると、膨大な時間がかかり、現実的ではありません。だからこそ、時間をかけて解を出す意味のある問いだけに向き合うべきです。

例えば、会社の規模が拡大してきて、現在のオフィスが手狭になってきたとしましょう。そこで、会議目的が「オフィスの移転先の候補を挙げる」という会議を開催することにしました。候補を挙げるだけなので、Achievable です。また、手狭になってきたオフィスから早く移転しないと通常業務に影響してしまうので、候補を挙げることは、Impactful のはずです。そして、会議終了後にいくつかの候補先が挙がっていれば目的達成なので、Measurable でもあります。

ここからありがちなダメ論点をいくつか出してみましょう。

1つ目は、「だから何?」系論点について。

例えば、「移転先の候補はいくつ挙げるべきか?」とか、「平均的なオフィスの広さは何坪か?」とか。いずれも、適切かどうかは別として、仮の解は出せます。「候補は3つ挙げるべき」とか、「100坪」とか。**ただ、それらの解が出たとして、どういう意味があるのか分からないですね**。思わず、「だから何?」と言いたくなるような内容です。これはダメな論点の類型です。

「答えやすいか?」→YES、「答えて意味があるか?」→NOという組み合わせがこのパターンに当てはまります。

２つ目は、「的はずれ」系論点について。

例えば、「どのように我々は移転するべきか？」とか、「オフィス需要の動向は？」とか。**いずれも、仮の解も出しにくいですし、無理やり解を出したとしても、会議目的の達成に貢献するのか不透明です**。高尚な問いのように見えるので、シニアな方が言い始めると身構えてしまいますが、よく考えれば、「的はずれ」な問いです。無駄に会議時間を使わせることになりかねません。

「答えやすいか？」→ＮＯ、「答えて意味があるか？」→ＮＯという組み合わせがこのパターンに当てはまります。

３つ目は、「会議目的の裏返し」系論点について。

例えば、「どこに我々は移転すべきか？」とか、「我々にとって理想的なオフィスとは何か？」とか。いずれも、解が出れば会議目的の達成に貢献しそうですが、仮の解も出しにくいです。**むしろ、それらの解を導出するために会議という場で議論するわけで、「会議**

目的の裏返し」のような問いです。おそらく、このような論点を提示しても、議論は停滞するだけでしょう。

「答えやすいか?」→NO、「答えて意味があるか?」→YESという組み合わせがこのパターンに当てはまります。

このように考えると、**「良い論点」とは、「答えやすいか?」→YES、「答えて意味があるか?」→YESという組み合わせのパターンといえます。**

「答えやすい」というのは、自分で仮説が出せるということ。そして、「答えて意味がある」というのは、解が会議目的達成に貢献するということ。

先の例ならば、「オフィス移転を検討するうえでの優先事項は何か?」とか、「予算の上限はいくらか?」とか。いずれも、自分の仮説は出しやすく、解があれば、会議目的の達成に貢献します。2軸にもとづき、相対的に「良い論点」を設計しましょう。

まとめ

- AIMで会議目的を設定したら、会議目的を達成するための論点を〝設計〟する
- 「論点」とは、会議目的を達成するために「答えるべき問い」
- 「良き論点」は、「答えやすいか？」と、「答えて意味があるか？」の2軸で設計する

議論上のリスクも考えよう

リスクの洗い出し

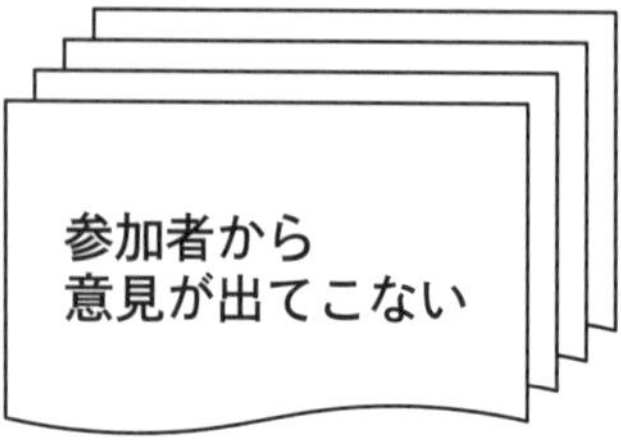
参加者から
意見が出てこない

1人ではなく、プロジェクトリーダー等
と話しながら、
リスクは多面的に洗い出す

リスクの評価

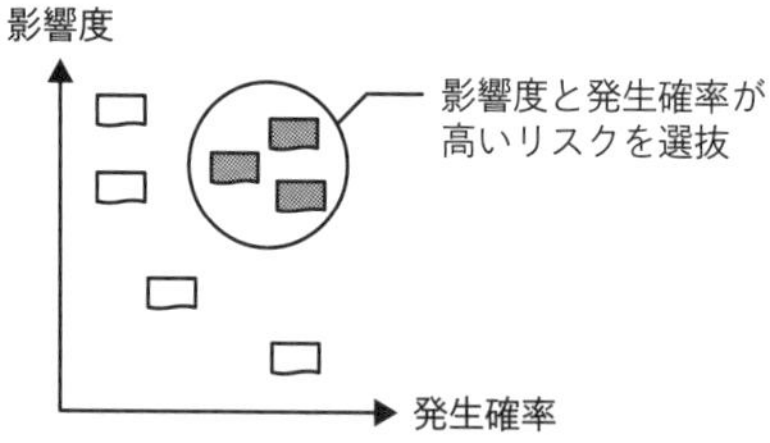
影響度
影響度と発生確率が
高いリスクを選抜
発生確率

全リスクに対して対策を考えるのは
現実的ではないので、
種々のリスクを評価し、選抜する

リスク対策の検討

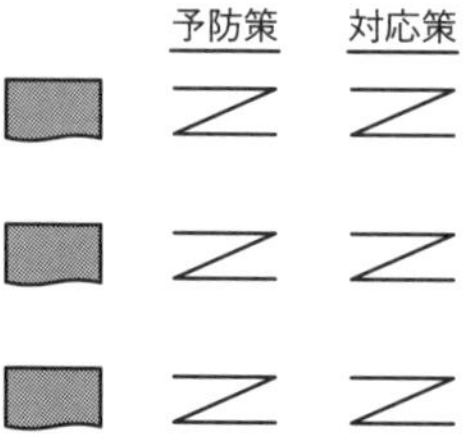
予防策
対応策

リスクを起こさないための予防策と、
実際起きてしまった場合の対応策の
両方を考える

論点設計をするということは、会議の議論を事前にシミュレーションすることでもあります。**論点設計なく会議に臨むというのは、その場の流れに身を任せるということで、会議をファシリテートする立場としては無責任。**とはいえ、実際は、論点設計した通りに議論されないこともありますし、予期しえなかったことが起きます。私の経験則だと、事前シミュレーションの6割もその通りにいけば良いほうです。

では、ファシリテーターとしてほかに何ができるか？

答えは簡単です。議論上のリスクを想定し、対策をすればいいのです。

まず、議論するうえで想定されるリスクを洗い出してみましょう。**思いつくものは、いったん紙に全て書き出してみると良いでしょう。**そして、できれば一人で想定リスクを洗い出すのではなく、誰かに壁打ちをしてもらって、一緒に考えてみると効果的です。各人、リスクに対するアンテナが違うので、人が違えば、出てくる想定リスクも変わります。

洗い出す数の目標を設けるのも有効です。最低10個は出し切ってみようとか。私も、ファシリテーションする際は、10個の議論上リスクは想定するようにしています。

例えば、

①「Aさんは答えやすいけど、Bさんは答えにくいかな」

②「この論点は、Cさんにとって不快に感じるかもしれない。そうなると意見を引き出せないかもしれない」

③「Dさんは当日に前の予定があると言っていたから、もしかしたら遅れてくるかもしれない」

④「EさんとFさんは社内権力もあって声が大きいから、EさんとFさんが話した後だと、ほかの人は意見が言えなくなるかもしれない」

など、少しでも会議の情景を想像すれば、議論上のリスクはたくさん出てくるでしょう。

リスクの洗い出しの次は、対応すべきリスクを選抜するために、リスクの評価を行いましょう。何事も評価をするためには、評価軸が必要です。

リスクは、一般的に、「影響度」と「発生確率」の2軸で評価されることが多いです。

前者は、仮にそのリスクが実際に起きてしまった場合に生じる悪影響の大きさです。後者は、そのリスクが実際に起きるかどうかの可能性の高さです。2軸とも、数値化して評価することは難しいと思いますが、洗い出されたリスクを横に並べて、相対的に評価することはできます。

例えば、先ほど洗い出した①〜④のリスクのうち、影響度が〝大きそう〟なものを、③と④としましょう。また、発生確率が〝高そう〟なものを、①と④としましょう。

そうすると、相対的には、影響度が大きく、発生確率も高い④が、最もリスクが高いということになります。このリスクさえなんとかすれば100％大丈夫というわけではありませんが、洗い出されたリスク全てに対応しようとするのは現実的ではありません。

2軸で評価したときに、上位3つ程度の選りすぐりのリスクに対して、対応リソースを特化させると効率が良いです。

リスク評価の次は、リスク対策の検討を行います。対応すべきリスクが絞り込めたならば、それらを何とかしなければなりません。**この「なんとかする」を時間軸で考えると、「予防策」と「対応策」に分かれます。**

前者は、そういったリスクが起きないようにするための対策です。リスクは起きないことが最善なので、〝予め防ぐ〟ことが肝要なのは言うまでもありません。

後者は、そういったリスクが実際に起きてしまった場合に、悪影響を最小限に抑えるための対策です。両者は、「事前の対策」と「事後の対策」ともいえるでしょう。

例えば、先ほど、最もリスクが高いと評価した④について、「予防策」は何が考えられるでしょうか。事前にEさんとFさんに、「お二人が先に話すと、ほかの方が意見を言いにくいかもしれないので、最後に意見を聞きますね」と根回ししておき、意見を請うときはEさんとFさんを最後にするとか。

それでも、EさんとFさんが興奮して喋り出してしまったときはどうするか。それが「対応策」です。いったん、お話は聞き取りつつ、ほかの方に話をすぐ振るとか、全体議論を付箋に意見を書いてもらうように切り替えるといった策が考えられます。

まとめ

- リスクの洗い出しは、なるべく複数人でやって、最低10個は議論上のリスクを挙げてみる
- リスクの評価は、「影響度」と「発生確率」の2軸で相対的に評価し、上位3つ程度のリスクに絞る
- リスク対策の検討は、事前の策である「予防策」と、事後の策である「対応策」をそれぞれ考える

机の配置が議論を決める？

スクール型

ファシリテーターに視線が
集まり、互いを見ない。

ロコ型

互いの表情が見えにくいので、
言いたい放題になりやすい。

給食型

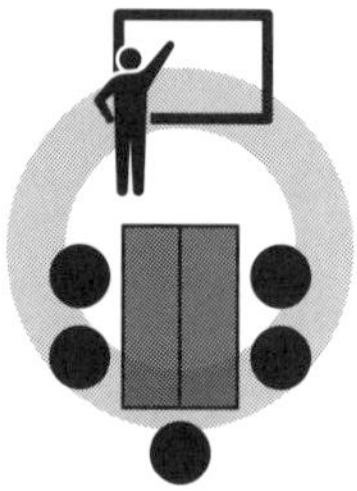

互いの顔がよく見えるので、
一体感が生まれやすい。

会議準備フェーズで最も忘れられがちだけども重要なことは、机の配置です。私もクライアント先でいろいろな会議に参加してきましたが、机の配置にまで気を遣っている会社はほとんど見たことがありません。ただ侮るなかれ、机の配置次第で議論のしやすさがずいぶんと変わります。

1対1で話すときに、対面で座るよりも、90度横に座ったほうが本音でコミュニケーションがしやすいといわれますよね。会議でも同様に、ファシリテーターと参加者の位置関係と、参加者同士の位置関係で、議論のしやすさが変わるのです。

避けたほうがよい配置の1つ目は、スクール型です。

ホワイトボードの前にファシリテーターが立ち、会議参加者は全員、ファシリテーターのほうに身体を向けるような形です。まるで、学校の先生と生徒のような関係に見えるので、スクール型と呼んでいます。

この形で会議をすることを想像してみてください。ファシリテーターが何かを問うと、誰かが手を挙げて発言し、それに対してファシリテーターが回答する。座っている参加者同士では議論しない。あくまでファシリテーターが話すことを聞く。そんな情景ではないでしょうか。**それは、ファシリテーターVS参加者という構図を意味します**。ファシリテーターが先生のように扱われてしまい、議論が活発化することはないでしょう。

また、会議中に疑問点が出てくれば、ファシリテーターが質問を受けることになるでしょう。ファシリテーター自身が回答せず、「Aさんの質問に対して、答えられる人はいますか?」と、全体に問いを返し、それに対してBさんが回答してくれたとしても、それは、対ファシリテーターへのリアクションなので、ファシリテーターVS参加者という構図からは逃れられません。

避けたほうがよい配置の2つ目は、ロコ型です。

机をロの字にくっつけて並べるのがロの字型。机をコの字にくっつけて並べるのがコの字型。人数が多い会議では、机をこの形に配置していることが最も多いのではないでしょうか。

田原総一朗さんが司会を務める『朝まで生テレビ!』の机の配置がこの型です。〝討論〟

するにはふさわしいと思いますが、〝討議〟にはなじみません。**「討論」は、互いの意見をぶつけて戦わすことですが、「討議」は、意見を交わし、最終的に何かしらの結論を導くものです。**

ロの字、コの字の共通点は、どちらも机と机の間に空間ができてしまうこと。**物理的な距離は、心理的な距離を生み出します。**同じ会社、同じ組織にいるはずなのに、心理的な距離があると、あたかも他人のように感じてしまう。そうなると、強い口調で自説をぶつけるようになるのです。いわば、〝討論バトル〟です。

昔から、討論の場ではロコ型の机の配置が多かったので、ロコ型の机の配置になっていると、自然と無意識的に頭が討論モードになるのかもしれません。しかし、会議は論破することが目的ではないので、ロコ型はなじまないのです。

では、オススメの配置は何か？

それは、給食型です。5人程度の机がギュッとくっついた状態。小学校の給食のときの班の形です。私の経験則ですが、この型が最も議論しやすいです。

20人で会議する場合は、5人×4グループに分けるとよいでしょう。グループメンバーに連帯感が生まれますし、5人程度の机がくっついていると作業スペースができますので、紙資料を広げて一緒に見ることもできます。また、全体から意見を引き出したいときは、グループ別に議論してもらい、その議論成果を発表してもらうこともできます。

私は、参加者30人ぐらいまでなら、会議を円滑に建設的に進める自信があります。例えば、5人×6グループに分けて、提示した論点について、15分、各グループで意見を出し合ってもらいます。そして、時間が過ぎたら、1グループ2分で議論成果を発表してもらう。それに対して、他グループから質問を投げかけてもらい、発表グループに回答してもらう。その質疑応答でおよそ5分。そうすると、15分+(2分+5分)×6グループ=57分、およそ1時間で全員と意見交換ができたということになるのです。

まとめ

- スクール型の机配置は、ファシリテーターVS参加者の構図になるので、避けるべし
- ロコ型の机配置は、心理的な距離を生み出し〝討論バトル〟になりやすいので、避けるべし
- オススメは、給食型。連帯感が生まれるし、共同作業がしやすいし、議論にレバレッジもかけられる

仮説と論点は2つでセット

皆さんは、職場で「仮説を持って仕事をしなさい」「あなたの仮説は何ですか？」「仮説がないと調査しても意味がない」など、言われたり、聞いたりしたことはないでしょうか？　コンサルティング業界では、日常的に使われる言葉ですが、コンサルタントではなくても、「仮説」という言葉を使う人はそれなりにいると思います。

では、この「仮説」の定義は何でしょうか？

「文字通り、仮の説だ」なんて言う人もいるかもしれませんが、それだと、ただ分解しただけで意味が分かりません。もう少し噛み砕いてみましょう。

私がこれまでに見聞きした「仮説」から考えると、**仮説とは、「現有情報にもとづいた現時点の最善解」です。**今、入手できる情報を駆使して、論理的に導き出した、最も合理的で正しいと思われる解を仮説といいます。

ポイントは、まず、〝解〟であり、何かしらの問いに対する答えということ。次のポイントは、解は解でも、現時点の最善解であるということ。そして、最後のポイントは、現有情報にもとづいて考えたものであるということ。これら3つの要素が含まれたものが仮説なのです。

よく「これは仮説だから」と、根拠のない意見を言う方もいますが、それは仮説とはいえません。**仮説は、現有情報にもとづいているはずなので、根拠がない意見は仮説ではないのです。単なる妄想です。**

また、3日前に聞いた仮説が、今日聞いても何も変わらない場合、それも仮説ではない可能性が高いです。仮説は、現有情報にもとづいた現時点の最善解なので、3日間で現有情報が増えていれば、当然にして、その時点の最善解は変わっているはずだからです。つまり、仮説は日々一刻と進化していかねばならないのです。

次に、「仮説」と関係性の深い、「論点」について説明します。この言葉も日常的によく使われます。「論点は何だ？」「論点がズレている」「論点を定めよう」など、言われたり、聞いたりしたことはないでしょうか？

言葉通り、〝議論すべき点〟という意味ではありますが、それだと〝点〟が捉えにくいので、言い換えたほうが良さそうです。そして、「問題点」や「ポイント」といった言葉とも混同されがちなので、違いが分かるようにより正確に表現したいところです。会議という文脈における「論点」について定義してみましょう。

私の定義では、**論点とは、「目的達成のために答えるべき問い」です。**会議目的を設定した後に、それが達成できるような問いをつくることを論点設計といいます。会議において、参加者から意見を引き出すことは重要ですが、意見を引き出す前に、何に対して意見を出してもらう必要があるのか、それを考えるのが論点設計です。

そして、〝問い〟なので、必ず疑問文の形にできることが必要です。

例えば、「生産性向上」は論点とは言えませんが、「生産性向上を阻害する要因は何か？」ならば論点といえます。

論点は、すでに述べた通り、答えて意味があり、答えやすいことが重要です。言い換えれば、その問いに答えて、会議目的達成に貢献できること、そして、その問いに参加者が答えやすいことが必要なのです。

論点には、筋の良いものと、筋の悪いものがありますが、特別に筋の良い論点を、私は「イシュー」と捉えています。もし、「イシューは何だ？」と言われることがあれば、それは、答えて意味があり、答えやすい問いは何だ？　ということです。その問いにさえ解が出せれば、目的が達成できるといえるものなのです。

以上、「仮説」と「論点」について説明してきましたが、**仮説と論点は必ずセットで考えましょう**。仮説が〝解〟で、論点が〝問い〟。仮説には、〝対応する論点〟が存在するはずで、逆に、論点には、〝対応する仮説〟を構築できるはずです。

つまり、会議とは、ファシリテーターが設計した「論点」という問いに対して、参加者から「仮説」という意見を出してもらう場ともいえます。適切な論点を提示しながら、参加者から仮説を引き出し、進化させていくこと。それがファシリテーターの役割ともいえます。

第3章

会議進行の鉄則

会議進行を3工程に区切る

事前準備 → 会議進行 → 事後整理

	オープニング	ボディ	クロージング
主なタスク	・会議の目的、議論プロセスを理解させる ・議論がしやすい空気を形成する	・企画した議論プロセスにのっとり、会議目的を達成させる ・必要に応じて、仮説をぶつけて意見を引き出す	・会議の成果と積み残しを整理する ・次回の会議に向けてTodoを明らかにする
留意点	・会議目的と議論プロセスが不明確な状態で議論を始めない ・議論に入る前に口を開いてもらう	・行き当たりばったりで議論しない ・10考えていたことが7ぐらいその通りに進めば大成功	・参加したかいがあったと感じてもらえるように成果を確認する ・Todoはホワイトボードに書いて記録に残す

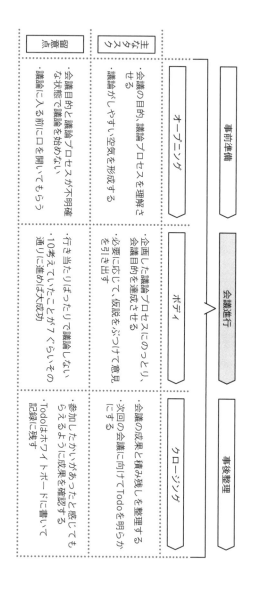

ファシリテーションの事前準備ができたら、とうとう会議進行です。ファシリテーターの役割として、一般的に最もイメージがつきやすいのではないでしょうか。事前に設定した会議目的のもと、論点を提示し、参加者から意見を引き出し、ホワイトボードに可視化し、議論を促していく。ただし、それにもやり方というものがあります。

会議進行は、「オープニング」「ボディ」「クロージング」の3工程に分けることができます。工程をしっかり区別することで、ファシリテーションが不慣れな方でも見違えるほど会議が上手くなります。

「オープニング」では、議論に入る前に、会議の参加者に、会議の目的と、議論のプロセスを理解してもらう必要があります。**何のために会議をするのか、どう議論していくのか、それらが知らされないと、到着地も地図も示されないままに船旅に出されるようなものです。**まずは〝出発進行〟する前に、会議目的と議論プロセスの2ついてしっかりと説明すること。そして、違和感がないか、異論がないかは、全体に必ず問いかけましょう。この時点で反論がある人が、建設的な議論ができるはずがありません。

また、「オープニング」の目的は、本題に入る前のウォーミングアップをすることでもあります。簡単に決められない、単独では判断できないからこそ、会議で議論するのであって、そもそも難しい論点について意見を出さなければならないのです。

とすれば、会議が始まってすぐに、「あなたはどう思いますか?」なんて聞かれても、答えにくいはずです。その対策としては、参加者がそれぞれ近況を一言話すことだったり、当会議に対して意気込みを話すことだったりします。**本題に入る前に、とにかく口を開いてもらうのが重要です。**

次の「ボディ」が、会議における骨子となります。「ボディ」の目的は、企図していた議論プロセスにのっとり、会議目的を達成させることです。ここで留意していただきたいのが、会議目的も議論プロセスも、その場で考えたものではないということです。

会議進行のもっと前、ファシリテーションの事前準備の中で、会議目的は設計しているはずだし、会議目的達成のための論点設計を終えて、議論の呼び水となる仮説もすでに用意しているはずなのです。**行き当たりばったり、その場の流れで議論をさせることがファシリテーターではありません。**

では、会議目的や論点、仮説がしっかり準備できていれば、想定通り議論が進行できるかというと、そんな甘くはありません。事前準備が万全だとしても、その通りに事が進むとは限らないからです。

ファシリテーション経験が長い私であっても、事前に10考えていたとしたら、7ぐらいその通りにいけば良いほうで、残りの3ぐらいは毎回イレギュラーな事象が発生します。それら事象に対応するには、事前準備だけでは難しいのです。その場の機転で適切に返すテクニックが必要になります。それらについては、本章の中で後述します。

最後に、「クロージング」も忘れてはいけません。せっかく「オープニング」で参加者同士が打ち解けて、話しやすい雰囲気づくりも成功し、「ボディ」で狙っていた議論もしっかりできたのに、そのまま終わってしまっては、会議成果は半減してしまいます。「クロージング」の目的の1つは、会議の成果を確認し、積み残しを整理すること。**せっかく参加者の時間を消費したのですから、当会議でどのような成果があったか、全員で確認しましょう。**それによって、「参加したかいがあった！」という気持ちを醸成させることができます。

加えて、「クロージング」のもう1つの目的は、次回の会議に向けた論点やTodoを明らかにすることです。およそ難しいテーマに係る会議は、1回で終わることは少ないでしょう。定例会という形で、定期的に実施されることが多いと思います。

であれば、次回会議の日程はもちろん、次回の会議で扱う論点や、次回会議までのTodoを最後に確認しておきましょう。「また近くなったら連絡しますので」はNGです。

〝言った言わない〟を避けるためにも、全員の前で、次回の論点とTodoについて確認することが重要です。

まとめ

- 「オープニング」の工程では、会議目的と議論プロセスに関して合意を得るべし
- 「ボディ」の工程では、入念な事前準備は当然として、臨機応変なテクニックも必要
- 「クロージング」の工程では、会議成果と次回までのTodoを全員がいる前で確認することが重要

Check in／Check out

Check in：会議を始めるための儀式

オープニング

・これから議論する内容に対して、懸念を持っているか事前に探れる

・本題の議論でも意見が出しやすくなる

ボディ

クロージング

・会議満足度がおおよそつかめる

・会議内容が消化されやすい

Check out：会議を終えるための儀式

前節では、会議進行と一口に言っても、「オープニング」「ボディ」「クロージング」と3つの工程があることを解説しました。ここからは、会議進行の中で役立つテクニックをお伝えしましょう。

まずは、Ｃｈｅｃｋ ｉｎ／Ｃｈｅｃｋ ｏｕｔについて。これは、「オープニング」と「クロージング」で使えるテクニックです。旅行でホテルや旅館に泊まるとき、必ずチェックインをしてから、部屋に入りますし、部屋を使って、ホテルを出るときには、チェックアウトをしますよね。会議も同様で、初めと終わりに一定の手続きをしましょう、というものです。

Ｃｈｅｃｋ ｉｎは、会議を始めるための手続きです。**自発的な挙手制で、今日の会議に対する意気込みや期待を、1人ずつ一言で話してもらいます**。長い演説は求めていません。1人30秒程度で話していただくのが良いでしょう。

私がファシリテーターの場合は、会議参加者に会議目的を説明して、議論の進め方を提示した直後に行うことが多いです。まさに議論する直前のタイミングです。ここでどれだけ場を温められるかによって、その後の議論の質が変わります。発進前にエンジンをかけるようなイメージですね。

Check.inの期待効果の1つ目は、**会議参加者の中で、これから議論する内容に対して懸念を持っているかどうかを事前に探れることです**。

例えば、「本日の会議に対して、皆さんの意気込みや心持ちを一言お願いします」と振って、一言ずつ話してもらってみてください。懸念をそのまま口に出さずとも、表情や声のトーンで、各人のスタンスというものを推察することができます。Aさんはこの点についてほかの人と違う考えがありそうだなと思えば、会議中にAさんに意見を積極的に求めてみましょう。

期待効果の2つ目は、**本題に入る前に自発的に話してもらうことで、本題の議論でも意見が出しやすくなることです**。難しい議題であればあるほど、口を開きにくいのは当然です。議論の前に、会議参加者全員が発話する機会を提供することで、本題に入ったときに、意見するハードルが圧倒的に下がります。

会議において、一言目を発するのが難しいと感じている人は多いです。であれば、その一言目は本題とは少し離れた内容でクリアできるように仕掛けてしまえば、本題に入ったときに議論がしやすくなるのです。

次に、Ｃｈｅｃｋ ｏｕｔについて。これは会議を終えるための手続きです。**会議参加者に、自発的な挙手制で、今日の会議に対する感想や気づきを一言話してもらいます。**こちらも、Ｃｈｅｃｋ ｉｎ同様に、1人30秒ずつで構いませんが、白熱した議論のあった会議であれば、1人1分ぐらいかけてもいいでしょう。

なお、その場で最上位職の方に、最後に会議の総括としてお話しいただければ、会議がしっかり締まります。会議を終えるときには、エンジンを切って、クールダウンして、冷静な頭で会議を振り返りましょう。

Ｃｈｅｃｋ ｏｕｔの期待効果の1つ目は、**参加者が話すときの言葉や表情で、会議参加者の会議満足度がおおよそつかめることです。**会議でどうしても言い残したことがあれば、このＣｈｅｃｋ ｏｕｔの場で言及してもらいましょう。そうすれば、会議が終わった後に、「本当はこう考えていたのに！」と言われることもありません（正確には、言われる筋合いがありません笑）。

また、満足度が高かった方からは、ポジティブな声をいただけるので、「この会議には意味があった」という雰囲気を全体に醸成することができます。

期待効果の2つ目は、**参加者に会議内容を振り返ってもらうきっかけとなり、会議内容が消化されやすいことです。**Ｃｈｅｃｋ ｏｕｔでは、会議成果についてコメントをするので、いやでも議論内容を思い出す必要があります。

人によっては、議論中に書かれたホワイトボードを見たり、自分のメモを見たりして、何を言おうか考えるでしょう。その行為自体が、会議内容の消化を促しているのです。その際、１分程度の個人で内省できる時間を取ると、コメントもしやすくなります。少しだけ準備時間を設けることがポイントです。

まとめ

- Ｃｈｅｃｋ ｉｎ／Ｃｈｅｃｋ ｏｕｔは、「オープニング」と「クロージング」で使えるテクニック
- Ｃｈｅｃｋ ｉｎで、会議内容に対する懸念察知と、本題前の発話機会の提供ができる
- Ｃｈｅｃｋ ｏｕｔで、会議満足度の確認と、会議の消化不良の防止ができる

会議という船旅にはOARR（オール）は必須

O utcome
会議目的を設定する

A genda
検討論点+議論方法を設計する

R ole
役割分担する（FTPR）

R ule
ルールを決める

続いてご紹介するテクニックは、ＯＡＲＲというもの。

前章では「会議進行」の前の「会議準備」が重要であることをお伝えしてきましたが、とはいっても、事前準備する時間もなく、急きょ、ファシリテーター役を任されることもあるでしょう。急に言われて、会議まで後20分しかない。そんなとき、最低限の会議準備で押さえるべきポイントをまとめた、昔からある王道のフレームワークがＯＡＲＲです。読み方は、〝オール〟だそうです。**「会議という船旅にはＯＡＲＲ（オール）は必須」と覚えましょう。**

1文字目のOは、Outcome（成果）を指します。

前章でも述べた通り、会議成果が出るかどうかは、会議目的次第です。会議目的が明示されない会議は、〝到着地が示されない船旅〟のようなもの。どれだけ準備時間がなかったとしても、会議目的だけは明確に具体的に定めましょうということ。

万が一、会議までに目的を設定できなければ、会議が始まって冒頭で、「この会議の目的を何にするか？」を議論しても良いでしょう。会議参加者が納得できる目的を設定することが重要です。それができなければ、会議をする意味がありませんし、曖昧な目的を掲げて議論するよりは、冒頭で目的の認識合わせをしたほうがはるかにマシです。

2文字目のAは、Agenda（検討論点＋議論方法）を指します。

〝Agenda〟を「議題」と捉える方も多いかと思いますが、この場合は、「検討論点＋議論方法」と捉えてください。議論プロセスと言ってもよいでしょう。議論を始める前に、全体に検討論点と議論方法を示すことが重要です。会議を成功させるには、出席者全員がそれらに納得して合意していることが絶対条件です。

こちらも、会議までに論点や議論方法の設計ができていなければ、会議冒頭で、「これから議論すべき論点は何でしょうか？」と全体に問いかけてしまっても良いでしょう。曖昧な論点でカオスな議論を生んでしまうぐらいなら、その場で認識合わせをしましょう。

3文字目のRは、Role（役割）を指します。

〝ファシリテーター〟というと、1人でなんでもやらなければならないと考える方も多いようですが、決してそんなことはありません。複数人で役割分担をしましょう。役割の頭文字をとって、FTPRと覚えてください。FはFacilitator、TはTimekeeper、Pは

Presenter、Rは Recorder です。

Facilitator は、参加者から意見を引き出し、議論を活性化させる役割。Timekeeper は、文字通り、時間管理をする役割。Presenter は、会議の最後に総括する役割。Recorder はメモをとって、会議後に議事録を作成する役割。これを1人がまとめてやらず、役割分担して負荷を下げるのです。

4文字目のRは、Rule（ルール）を指します。

これは、会議を円滑にかつ活発にするために、事前に定めておくルールのことです。会議参加者は必ずそれを守らなければなりません。議論が始まる前に、ルールを提示し、参加者からの合意を得ましょう。

例えば、「他人の意見を否定しない」とか、あるいは、「会議中はPCを開かない」なんてものもあります。なお、これは、前章で述べた「議論上のリスク」とリンクさせると有効です。当会議のリスクとして考えられることに対して、ルールで釘を刺してしまうのです。この会議はAさんばかりが話して独壇場になりそうだなと思ったら、「1回1分以内で発言を終える」というルールを課してしまいましょう。

以上がＯＡＲＲです。昔からあるフレームワークを、私なりに少し味付けしていますが、これは、**仲間内での打ち合わせや、同程度の役職の人たちで集まるような会議で使いやすいでしょう**。最初にＯＡＲＲのフレームワークを示してしまって、ＯＡＲＲを１つ１つ決めてから、本題の議論に入っても良いと思います。

一方、上位職との会議や、クライアントとの会議においては、使いにくいかもしれません。それらの会議であれば、やはり入念に準備時間を取って、会議目的を設定、論点を設計したほうがよいでしょう。

なお、ＯＡＲＲに限らず、フレームワークは思考のヒントとなる枠組みにすぎません。ＯＡＲＲを金科玉条のごとく扱うというよりは、自分が使いやすい形にアレンジしてみるのがよいでしょう。必要ならば、ＯＡＲＲに何か要素を付け足してもいいでしょうし、不要なものは、ＯＡＲＲから除いてもよいです。私も、ＯＡＲＲを自分なりにアレンジして使っています。次項は、そちらをご紹介します。

まとめ

- 会議準備をする時間がないときには、ＯＡＲＲを思い出すべし
- Outcomeで会議目的を定め、Agendaで検討論点＋議論プロセスを設計すべし
- Roleで役割分担し、Ruleでリスク対策としてのルールを課して、ファシリテーターの負荷を減らすべし

会議までにGAPはなくそう

Goal
・会議終了時にどのような状態になっていれば成功なのか？
・会議目的を何と設定するか？

Agenda
・会議目的を達成するためには、何の問いに答える必要があるか？
・どのように議論を進めるか？

People
・会議参加者は誰か？(決まっていなければ誰にすべきか？)
・それら参加者は何を知らないか？何を気にしているか？

前節で紹介したＯＡＲＲは、昔からある王道のフレームワークですが、上位職との会議や、クライアントとの会議では使いにくいという声をよく聞きます。どちらかというと〝ブレスト〟が求められるような会議や、大人数のワイガヤ会議では機能しますが、１つ１つロジカルに意見を交わすような会議ではフィットしません。Roleを決めたり、Ruleを決めたりすることよりも、大事なことがあるからです。それは、Peopleです。

そこで考案したＧＡＰというフレームワークを紹介します。**「会議までにＧＡＰはなくそう」と覚えてください。**

１文字目のＧは、Goal（目的）を指します。

これは、ＯＡＲＲのＯと意味は同じです。会議終了時にどのような状態になっていれば会議が成功したといえるのか？　会議目的を何と設定するか？　を決めておきましょう。

会議目的の要件を〝ＡＩＭ〟というフレームワークで整理することは前章で述べました。Achievable（目的が達成可能であること）、Impactful（目的達成できたら価値があること）、Measurable（目的達成度合いが判断できること）の頭文字を取って、〝ＡＩＭ〟でしたね。覚えていますか？

2文字目のAは、Agenda（検討論点＋議論方法）を指します。

こちらも、OARRのAと意味は同じです。会議目的を達成するためには、何の問いに答える必要があるか？（＝論点設計）、どのように議論を進めるか？（＝議論プロセス）を事前に考えておきましょう。論点設計し、議論方法まで設計しておくことで、初めて議論の〝レール〟ができます。

前章で述べた通り、「論点」とは、会議目的を達成するために「答えるべき問い」です。論点なき会議で、会議目的を達成することは決してできません。

3文字目のPは、People（参加者）を指します。

まず考えるべきことは、この会議は誰が参加すべきなのか？　です。会議目的と論点から考えると、誰がいれば十分に議論ができるのか。会議は参加者ありきではなく、目的ありき。あくまで目的を起点に参加者をピックアップすることが重要です。

会議をしてみたはいいけれども、「Aさんがいないとこれは分からない」とか、「Bさんがいないと決められない」とかありませんか？　そうならないように、目的と論点から、その会議に参加すべき人をじっくり吟味しましょう。

参加者が決まった後に考えることは、**各論点に対して、誰が何を知っていて、何を知らないのか？　です。**

Cさんはよく知っていても、Dさんは知らないということもあるでしょう。会議がスタートした時点で、情報の非対称性があるのです。その点を踏まえた会議進行をしないと、Dさんを置き去りにしてしまいます。会議において、〝理解の置き去り〟が発生すると、建設的な議論は生まれません。Dさんが知らなそうであれば、事前に情報をインプットしておくとか、会議冒頭でCさんに説明してもらうなどの工夫をしましょう。

もう1つ考えることは、**各論点に対して、誰がどういった意見を持っていそうか？　です。**もちろん、事前に参加者それぞれに意見を聞いておくという手もありますが、そこまで時間がない場合がほとんどだと思うので、こちらの想定で構いません。普段の言動から何を考えているのか、何を大事にしているのかを想定しましょう。そうすることで、営業部のEさんと製造部のFさんは意見が違いそうだとか、事前に争点を想定できます。

そして、会議では、EさんとFさんに意見を請えば、議論が生まれます。議論を〝仕組む〟のです。

以上がGAPです。OARRの〝RR〟部分を取り、代わりにPeople要素を付け加えて、呼びやすく、GAPとしました。

私は、普段、経営コンサルタントとして、クライアントと議論する機会も多いですが、私がファシリテーターの場合は、このGAPをそれぞれ必ず明確にしてから、会議に臨むようにしています。

Pまで考え切ったかどうかで、会議成果は雲泥の差です。誰が参加すべきか、誰が何を知っているのか・知らないのか、誰が何を考えていそうか。たとえ会議直前でも、できる範囲でしっかり考えておきましょう。

まとめ

- ロジカルに意見を交わすような会議では、OARRよりGAPが使いやすい
- Goalで会議目的を定め、Agendaで検討論点＋議論プロセスを設計すべし
- Peopleで参加すべき人をピックアップし、情報の非対称性と想定争点まで見据えておくべし

ホワイトボードの基礎レイアウト

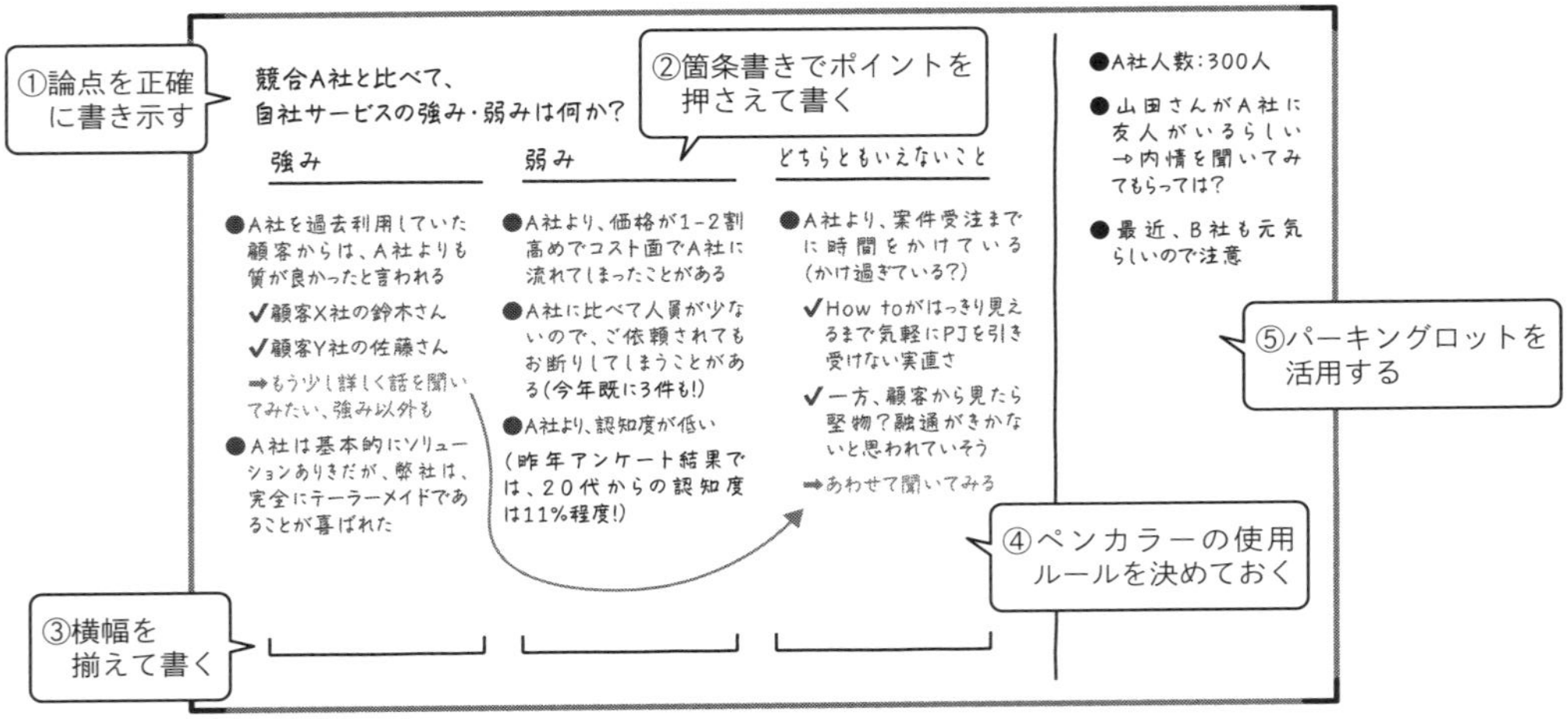
①論点を正確に書き示す
②箇条書きでポイントを押さえて書く
③横幅を揃えて書く
④ペンカラーの使用ルールを決めておく
⑤パーキングロットを活用する
競合A社と比べて、自社サービスの強み・弱みは何か？
強み
●A社を過去利用していた顧客からは、A社よりも質が良かったと言われる
✓顧客X社の鈴木さん
✓顧客Y社の佐藤さん
➡もう少し詳しく話を聞いてみたい、強み以外も
●A社は基本的にソリューションありきだが、弊社は、完全にテーラーメイドであることが喜ばれた
弱み
●A社より、価格が1-2割高めでコスト面でA社に流れてしまったことがある
●A社に比べて人員が少ないので、ご依頼されてもお断りしてしまうことがある（今年既に3件も！）
●A社より、認知度が低い
（昨年アンケート結果では、20代からの認知度は11%程度！）
どちらともいえないこと
●A社より、案件受注までに時間をかけている（かけ過ぎている？）
✓How toがはっきり見えるまで気軽にPJを引き受けない実直さ
✓一方、顧客から見たら堅物？融通がきかないと思われていそう
➡あわせて聞いてみる
●A社人数：300人
●山田さんがA社に友人がいるらしい→内情を聞いてみてもらっては？
●最近、B社も元気らしいので注意

ここからは、会議進行のうち「ボディ」で使えるテクニックや考え方を紹介していきます。まずは、ホワイトボードの基礎レイアウトについて。

ファシリテーターというと、ホワイトボードで参加者からの意見をきれいにまとめあげているイメージはありませんか？　ただ、実際やってみると、ファシリテートしながらホワイトボードに書くというマルチタスクは簡単ではなく、ホワイトボードを書くことに苦手意識を持っている人は多いようです。そこで、誰でも再現性高く、ホワイトボードが書けるようになる5つのポイントをお伝えします。

1つ目のポイントは、ホワイトボードの左上に、今議論すべき論点を正確に書き示すことです。

一部でも省略してはいけません。一言一句違わず、用意していた論点をそのまま書いてください。また、その会議で合計3つ論点を扱いたかったとしても、書く論点は1つだけです。今議論すべき論点を提示することで、議論が横道にそれにくくなります。会議において最も避けたいことは、余計な議論が生まれることです。余計な議論が生まれる理由は簡単です。参加者が何を議論すればいいか分かっていないのです。

２つ目のポイントは、箇条書きでポイントを押さえて書くことです。

会議参加者の発言を一言一句全てホワイトボードに書くことは不可能です。聞き落としてしまいますし、全て書くまでに時間もかかります。従って、書くときにはポイントだけ箇条書きで書きましょう。「ポイントと言ったってどこまで具体的に書けばいいの？」という疑問があれば、会議参加者が見たときに内容を想起できるレベルで書くように心がけてください。不安ならば、発言者に「こういうことですか？」と、その場で書いた内容を確認してもらいましょう。

３つ目のポイントは、横幅を揃えて書くことです。

前のポイントで箇条書きをオススメしましたが、ホワイトボードの至るところに適当に書けばいいというわけではありません。文頭が揃うように書き進め、文章が長くなりそうなら、文を折り返す場所も決めておきましょう。

大事なことは視認性が良いこと。パッと見て、いくつの箇条書きが並んでいるのか分かるように書くのです。いくらホワイトボードを書いても、見て理解しにくければ意味がありません。ホワイトボードの長さにもよりますが、３列で書くと読みやすくなります。

４つ目のポイントは、ペンカラーの使用ルールを決めておくことです。

黒以外に赤や青、緑があるからといって、好き勝手に使って書いてしまっては、ただカラフルになるだけで読みにくくなります。

私の場合は、基本は全て黒色で書き進めます。そして、議論が進み、過去の発言内容に追記が必要な場合には赤色を使います。また、議論している中で新たな論点や確認すべき事項が出てきたら青色を使います。しっかりと自分なりにルールを決めてペンカラーを使い分けると、後で見たときに理解もしやすくなります。

５つ目のポイントは、「パーキングロット」を活用することです。

パーキングロットとは駐車場のこと。いくら論点を示したとしても、論点に関係のない（なさそうな）意見を述べる方はいます。そういう場合に、〝とりあえず〟書き留めて置く場所をパーキングロットと呼びます。

もしかしたら、後で論点に関係するかもしれないので書き留めておくという意図もありますし、せっかく意見を述べてくれた方の気持ちを害さないように、「ちゃんと聞いていますよ」ということを行動で示すために書き留めておくという意図もあります。

以上5つのポイントを意識すれば、ファシリテーションにおいて、誰でもホワイトボードを活用することができます。

大事なことは、最初からきれいにまとめようとしないこと。議論内容を図解できるようになる前に、まずは紹介した5つのポイントを習得しましょう。**優れたホワイトボードは、議事録代わりにもなります**。次の会議で、ホワイトボード画像を見せるだけで、前回会議の振り返りもできるでしょう。ファシリテーターにとって、ホワイトボードは必須の武器です。使いこなせるようになるまで繰り返し練習しましょう。

まとめ

- ホワイトボードの左上に、今議論すべき論点を一言一句違わずに書き示すべし
- 横幅を揃えつつ、箇条書きでポイントを押さえて書くべし（ペンカラーのルールを持って）
- パーキングロットに、論点に関係なさそうな意見も書き留めるべし

coffee

ファシリテーションも芸のうち

いまだに、「ファシリテーションなんて、司会進行と同じでしょ?」と思っている方は、世の中に結構な数でいるようです。淡々と式次第に沿って、場を展開させていくような役割のイメージなのかもしれません。でも、実際のファシリテーターは違いますよね。事前に入念に設計した論点を提示して、参加者に問いかけ、意見を引き出し、それを聞きながら、次は誰に話を振るかも考えつつ、ホワイトボードにポイントを書き記し、その後の展開も考える。そして、議論の呼び水として、時には自らの仮説を放り込むこともある。

人前に出ながらも(立たされながらも?)右脳も左脳もフル回転させて、会議をファシリテートするわけです。**腕のあるファシリテーターがいる会議といない会議では、議論の質が違います**。会議参加者の個々人が妙案をいくら持っていたとしても、それらが議論につながらないと、宝の持ち腐れです。

ファシリテーターは、議論につなげるための潤滑油であり触媒となる存在です。議論すべきことがある限り、どんな企業にも欠かせない存在でしょう。重要な会議では、ファシリテーター役を必ず設けることをオススメします。

また、ファシリテーションスキルは、会議以外でも役立ちます。

例えば、私は某大学院でファイナンスの教鞭を執っていますが、〝教育〟という文脈でも、ファシリテーションを活用しています。授業内でグループディスカッションの時間がありますが、その際、どういう論点を提示すれば議論が盛り上がるのか、どのチームに発表してもらうのが次の展開につながりそうか、どこでラーニングポイントをまとめて伝えるべきかなど、全てファシリテーション経験が生きています。**その場の議論を盛り上げ、結論を導いていくことは同じなのです。**

冒頭の「ファシリテーションなんて、司会進行と同じでしょ？」という話に戻ると、完全に違う、というわけではないです。淡々と時間割を進行するような司会とは似ていないものの、バラエティ番組のＭＣとは似ているところがたくさんあります。テーマに沿って、ゲストと一緒にトークを展開していく。誰に振れば話が盛り上がるのか、ゲストの話に対してどう反応して、それを今度は誰に振るか。ゲストの話に笑いながらリアクションを取りつつも、実は頭の中では次の展開を考えている。まさに、ファシリテーターです。

唯一違うとすれば、ファシリテーターの場合、最後は〝笑い〟につながらなくても良いという点。Funny ではなく、Interesting な面白さに帰着しても良いところが違うかもしれません。

ファシリテーターの初心者は、ファシリテーションは同時にやることや考えることが多くて大変だと言います。「どうしたら上手くなれますか？」なんて聞かれることもありますが、「事前の準備をまずしっかりすること。それでも、想定通りいかない部分は、その場の機転でなんとかするしかない」なんて回答をすると、腑に落ちない顔をされます。

そんなときに紹介するのが、私が大好きな腹話術師のいっこく堂さんの話です。

テレビでいつ見ても、他では見たこともないような腹話術を見せて聴衆を楽しませてくれる彼ですが、過去にJ‐WAVEのインタビューでこんなことを言っていました。

「人形劇の場合は、人形の気持ちになって喋ってもいいんです。でも、腹話術の場合は〝私〟と〝人形〟を分けて、人格が2つないといけないんです。人形の気持ちに引きずられて、人形と同じ表情になってはいけないんです。

実際にやってみないと、その難しさは分からないと思います。テレビで腹話術を見ている人は声だけをまねしようとしますが、いろいろなことに気を使わないといけないんです。芸を磨くには〝場数を踏むしかない〟」

ファシリテーションも、「聞く＋話す＋書く＋考える」の瞬間マルチタスクが必要ですが、必要なのは場数なんです。ファシリテーションも芸事の1つとするならば、基本の型を覚えたら、後は徹底的に場数を重ねるしかありません。ファシリテーションも見るのとやるのとでは大違いです。本書を読んだからといって、ファシリテーションは上手くなりません！

読んで理解して覚えたことを、実践で活用してみること。まずは最低20回、ファシリテーションを経験してみましょう。さすれば、なんとなくファシリテーターも様になってくると思います。

ファシリテーション・グラフィック6選

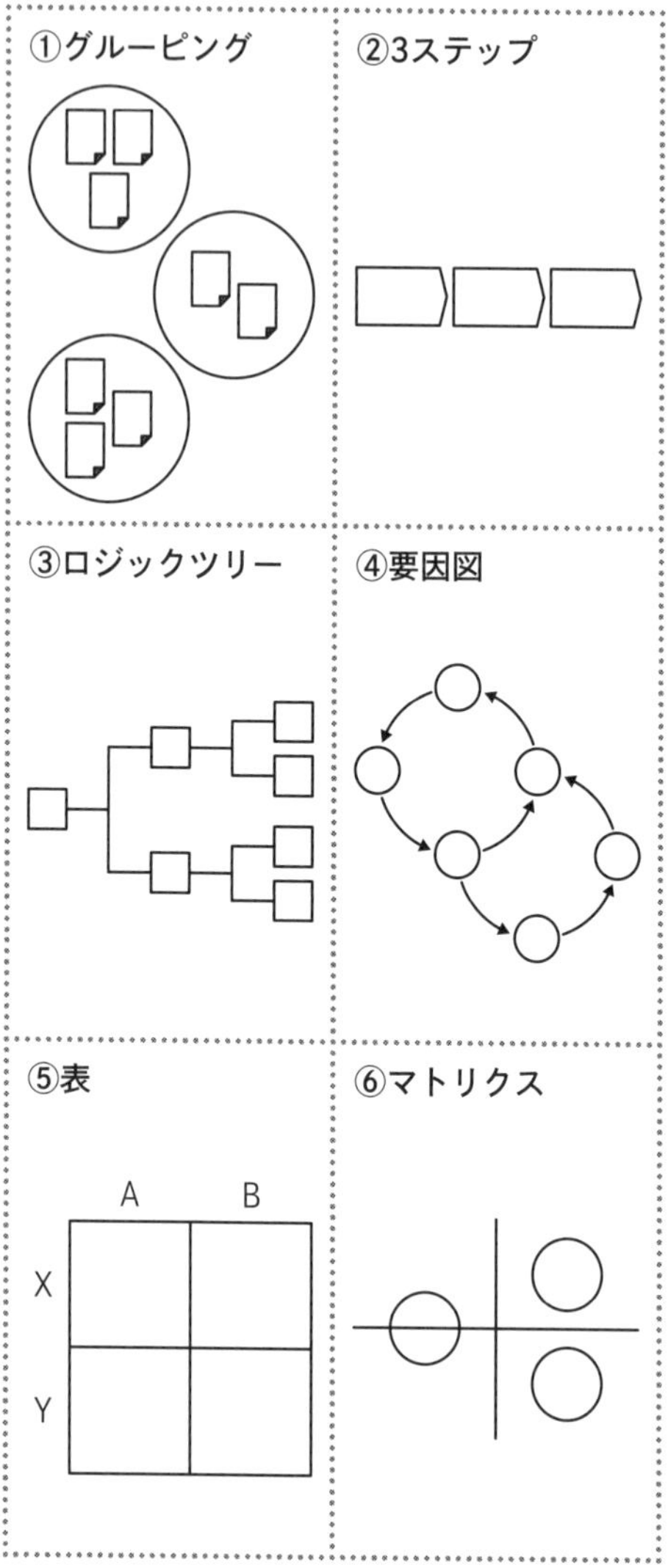
①グルーピング
②3ステップ
③ロジックツリー
④要因図
⑤表
A
B
X
Y
⑥マトリクス

前項では、ホワイトボードの基礎レイアウトを説明し、箇条書きでポイントを押さえて書き進めることを推奨しました。ここでは、その基礎レイアウトにはもう慣れて、次のレベルに進みたい方向けに、ホワイトボードにおける図解について説明します。

ファシリテーターによる図解を、「ファシリテーション・グラフィック」といい、世の中にはファシリテーション・グラフィック専門の書籍も出ています。

ここでは、私がよく使う６つの図解をご紹介します。これらだけ使えるようになれば、ホワイトボードにおける図解は十分でしょう。

１つ目は「グルーピング」です。付箋と親和性があります。

ある論点に対して、会議参加者に意見を付箋に書き出してもらいます。その付箋をホワイトボードに貼って、似た意味で括ることで、さまざまな意見を分類することができます。そして、付箋を大きく丸で括ったら、そのグループにタイトルをつけましょう。そのとき、**「〜！」と、感嘆符を最後につけることがポイントです。**

付箋に書かれた内容は意見なので、それらの意見を総括すると、どういうメッセージになるのか。それをタイトルにしておくと、議論が収束しやすくなります。

2つ目は「3ステップ」です。議論成果として、今後の検討の流れが見えてきたとします。そのときに使えるのがこのステップ図です。

どういう手順で取り組んでいくか、大枠の3つのステップでまとめてみてください。細かく分けようと思えば、5つ、6つ、7つとステップは区切れると思いますが、**あえて3つにまとめることで理解がしやすくなり、共通認識を持ちやすくなります。**細かい手順や留意点は、3つのステップの下に書き留めておけばよいでしょう。PowerPointに落とし込んでしまえば、今後の計画図ができてしまいます。

3つ目は「ロジックツリー」です。日本語では樹形図です。小学生の算数の場合分けでも使っている図なのでなじみもあるでしょう。**MECE（Mutually Exclusive and Collectively Exhaustive）に議論を進めたいときに必須の図です。**

左が原因で、右が結果になるようにつくることもできますし、その逆で、左が結果で、右が原因になるようにつくることもできます。ロジックツリーの要件は、論理的に分岐がMECEになっていること。汎用的ですし、応用も利く図なので、使えるようになると便利です。

4つ目は「要因図」です。これはロジックツリーのようにMECEに因果関係を描き切れないときに有用な図です。Aという要因とBという要因が関係していればつなげてしまう。さらにCという要因も関係していればMECEを気にせずつなげてしまう。

出来上がると、カオスな絵になりますが、**人が考えていることをそのまま可視化できるという意味で有用です。**要因と要因で相関分析をして、相関の強弱で線を太くしたり細くしたりと応用も可能です。そして、因果がMECEに整理できれば、ロジックツリーへと進化させられます。

5つ目は「表」です。とてもシンプルな図ですが、シンプルだからこそ、ファシリテーションにおいては強力な武器になります。2軸で情報を整理するときに使いましょう。オプションA、B、Cのメリット・デメリットを整理するときにも使えますし、議論しながらSWOT分析するときにも使えます。あるいは、単純に、各年度の売上や利益を示すときにも使えるでしょう。

ファシリテーション・グラフィックの中で最も シンプルですが、最も汎用的でしょう。**図解に初めて挑戦するとすれば、まずは表形式の可視化をしてみましょう。**

6つ目は「マトリクス」です。表と似ていますが、使い方が違います。表は情報を整理するときに使いますが、マトリクスは何かしらの候補を評価するときに使います。X軸とY軸に評価軸を示して、候補をマッピングします。

例えば、なじみのある例として、今抱えているタスクに関して、X軸を「緊急度」、Y軸を「重要度」にして、タスクの優先度を評価することができます。完全にどちらかといえないものは軸寄りにプロットされます。**会議参加者の頭の中にある、〝候補に対するイメージ〟を可視化する場合に有効な図です。**

まとめ

- ホワイトボードの箇条書きに慣れたら、次はファシリテーション・グラフィックにトライすべし
- その場でゼロから図解するのではなく、6選を使いこなせるようになるべし
- 6選それぞれで使い所や効果が違うので、適宜適切に使い分けるべし

「空」「雨」「傘」を自由自在に行き来しよう

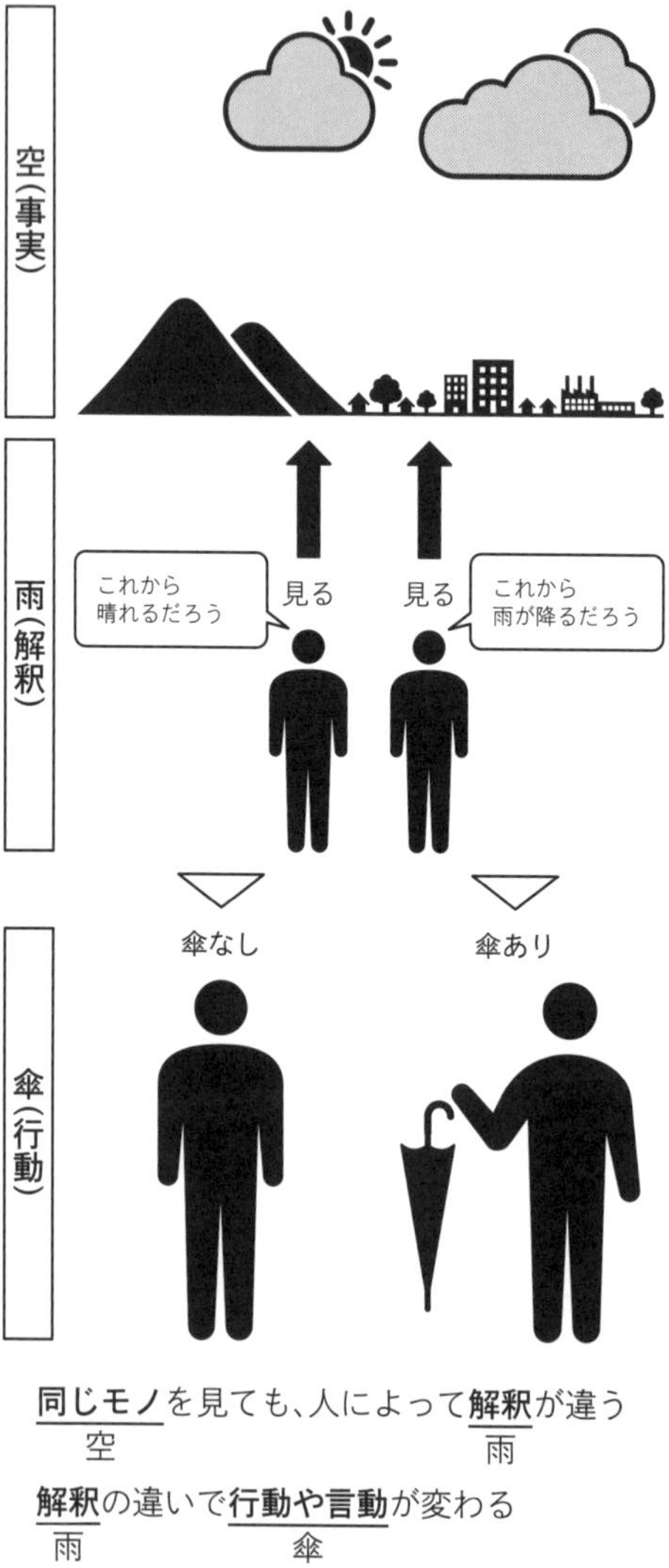
空（事実）
雨（解釈）
傘（行動）
これから晴れるだろう
見る
見る
これから雨が降るだろう
傘なし
傘あり
同じモノを見ても、人によって解釈が違う
空
雨
解釈の違いで行動や言動が変わる
雨
傘

ファシリテーターは、人の話をよく聞く必要があります。会議参加者がせっかく意見を言ってくれても、それを話半分で聞いていたら意味がありません。**しっかり、その人が何を言いたいか汲み取り、正確に翻訳し、その他の会議参加者に伝播させることが重要です。**

といっても、会議参加者の中には自分の思っていることを好き勝手にベラベラと喋る人もいます。話している人が上位職だったら、なおさら面倒ですね。「この人は一体何が言いたいんだろうか」、そう思いながらも止められずに聞き続ける羽目にもなりかねません。

そういうときに意識してほしいのが、「空」「雨」「傘」です。聞いたことがある方もいるかもしれません。**「空」は事実、「雨」は解釈、「傘」は行動を表す比喩です。**

ただ、このフレームワーク、知っていてもその本質を捉えている人は多くないようです。このフレームワークが言いたいことは、同じ「空」を見ていても、人によって「雨」が降るかどうかの見立ては違う。その見立ての違いで、「傘」を持って外に出かけるかどうかが決まる、ということです。つまり、同じ事実を見ても、それに対する解釈で、その後の行動が変わるということです。

ファシリテーターは、この空雨傘を意識して、参加者の発言を聞き取りましょう。

今この人が言ったことは、空雨傘のどれに当てはまるのかな？　という意識で、発言内容を仕分けるのです。

例えば、「もっと売上は伸ばせると思うんだよね」という発言は、空雨傘のどれでしょう？　正解は雨です。その人が思っていることであって、単なる解釈ですから、事実ではありません。次、「サブスクで新規事業を立ち上げるべきだ」はどうでしょう？　正解は傘です。行動を意味している発言なので、根拠は不明ですが、傘の発言内容です。

発言内容を空雨傘に仕分けできたら、ここからがファシリテーターの腕の見せ所です。

発言内容を空までさかのぼるのです。

例えば、先ほどの「サブスクで新規事業を立ち上げるべきだ」という傘の発言に対しては、そう考える理由を問います。「安定化に向けては、フローではなくストックの収益源が必要だと思ったから」という雨の発言が聞けるかもしれません。

さらに、その理由の根拠を問います。「年間を通してスポットの案件しかなくて、昨年は正味3カ月売上が立っていないから」という空の発言が聞けるかもしれません。

また、**逆の使い方として、発言内容を傘まで下る方法もあります。**

例えば、「今期利益は１００億円だった」という空の発言に対しては、その解釈を問いましょう。「よく頑張った」あるいは「まだまだ足りない」という雨の発言が聞けるかもしれません。さらに、その解釈からの行動を問いましょう。「よく頑張った」という解釈をした人からは、「社員旅行で従業員を労おう」という傘の発言が、逆に、「まだまだ足りない」という解釈をした人からは、「従業員給料10％カット！」という傘の発言が聞けるかもしれません。

このように、発言内容を空雨傘に仕分けし、空雨傘を縦横無尽に行き来することで、発言内容をロジカルに整理することもできますし、発言内容からさらに議論を発展させることもできます。**空にさかのぼる流れは「Ｗｈｙ ｓｏ?」で、雨に下る流れは「Ｓｏ ｗｈａｔ?」ともいえます。**

ファシリテーターの問いかけの本質は、この空雨傘にあるといっても過言ではないでしょう。問いかけの仕方は別としても、好き勝手に喋っている人がいるとき、空雨傘さえ意識しておけば、どんな問いかけをすればいいのかも分かるはずです。

ただし、1つだけ注意することがあります。それは、同じ空でも人によって見え方が違うということです。同じ空でも、Aさんは視力1・5で見た空を指していても、Bさんは目が悪く乱視の入った状態で見た空かもしれませんし、Cさんは写真で見た空かもしれません。**同じ空でも、見る人によって空の見え方が違うように、人の数だけ事実は存在するのです。**

我が家の子ども2人も、「おもちゃをとられた!」と上の子が言えば、「ちょっと借りただけ!」と下の子が言います。2人とも自分にとっては、それが事実で空なのです。

まとめ

- 発言内容を「空」「雨」「傘」のどれに当てはまるか仕分けするべし
- 空までさかのぼることは「Why so?」であり、傘まで下ることは「So what?」である
- 人の数だけ事実は存在することを忘るべからず

必ず使える問いかけパターン10

1 共通 これらはどこが似ていますか？	**2 差分** これらの違いは何でしょうか？
3 抽象 まとめると？	**4 具体** 例えば？
5 根拠 どうしてそう考えましたか？	**6 結論** 結局、どうすれば良いと思いますか？
7 目的 この目的は何でしょうか？	**8 手段** どのような方法が考えられますか？
9 順序 あえて絞るなら、どれが重要ですか？	**10 評点** 及第点を8点とすると、何点でしょうか？

前項では、空雨傘を活用することで、どんな問いかけをすれば議論につながるかを説明しました。ここでは、具体的な問いかけの仕方についてお伝えします。

ファシリテーションの質は事前準備でほぼ決まりますが、事前準備をいくらしても、当日イレギュラーなことは必ず起きるので、その場で臨機応変に対応しなければなりません。それに備えて、ファシリテーターの問いかけで使えるパターンを5セット計10個にまとめました。これらを駆使できれば、必然と議論が発展するでしょう。即効性があるので、ぜひ覚えましょう。

1つ目のセットは、「共通」と「差分」の組み合わせについて。

「共通」は、「これらの共通項は何でしょうか?」や「これらはどこが似ていますか?」といった問いかけが考えられます。一方、「差分」は、「これらの違いは何でしょうか?」や「違いは感じますか?」といった問いかけが考えられます。

何か2つ以上の意見が出てきたときに、「共通」あるいは「差分」の切り口で問いかけると、議論が発展するでしょう。さらに、共通している場合、差分がある場合、それぞれその原因についても議論してみると、議論がより深まります。

2つ目のセットは、「抽象」と「具体」の組み合わせについて。

「抽象」は、「要はどういうことでしょうか？」や「まとめると？」といった問いかけが考えられます。一方、「具体」は、「例えば、どういうことでしょうか？」や「もう少し具体的に説明していただけますか？」といった問いかけが考えられます。

発言内容がぼんやりとして曖昧だと感じた場合には「具体」の問いかけで発言内容の解像度を上げましょう。逆に、発言内容が細かく何が言いたいのか分からないときには「抽象」の問いかけで発言内容の本意を明確にしましょう。

3つ目のセットは、「根拠」と「結論」の組み合わせについて。

「根拠」は、「そう考える根拠は何ですか？」や「どうしてそう考えましたか？」といった問いかけが考えられます。一方、「結論」は、「つまり、言いたいことは何でしょうか？」や「結局、どうすれば良いと思いますか？」といった問いかけが考えられます。

前項でご紹介した空雨傘で説明すると、傘に下りたいときには、「結論」の問いかけを使い、空にさかのぼりたいときには、「根拠」の問いかけを使います。ただし、相手や言い方に気をつけないと反感を買います。

４つ目のセットは、「目的」と「手段」の組み合わせについて。

「目的」は、「そもそも、何のためにやるのでしょうか？」や「この目的は何でしょうか？」といった問いかけが考えられます。一方、「手段」は、「どのような方法が考えられますか？」や「そのやりたいことは、どう進めましょうか？」といった問いかけが考えられます。よく分からないけれども、やること前提で話が進んでしまっているときには、「目的」の問いかけで趣旨を確認しましょう。逆に、やることが決まっている場合は、「手段」の問いかけで話を前に進めましょう。

５つ目のセットは、「順序」と「評点」の組み合わせについて。

「順序」は、「優先順位はどうでしょうか？」や「あえて絞るなら、どれが重要ですか？」といった問いかけが考えられます。一方、「評点」は、「それは10段階でいくつでしょうか？」や「及第点を8点とすると、何点でしょうか？」といった問いかけが考えられます。両方とも数が関係しますが、意味が違います。順番を問うときには「順序」、評価を問うときには「評点」です。簡単でシンプルな問いですが、考えさせる問いです。理由も併せて問いましょう。

以上、5セット計10パターンの問いかけを紹介しましたが、大事なことは、10パターンの概念を理解することです。これらの問いかけ文章例をまるごと覚えても使えません。自分が使いやすい表現でストックしておきましょう。

私が好んで使う問いかけは、「その心は?」です。これは、さまつなことばかり言う人に使えば、「抽象」の問いかけになりますし、感想ばかり言う人に使えば、「結論」の問いかけになります。**目上の方に、「要は?」とか「結論は?」などは言いにくいですから、代わりに「その心は?」が活躍します。**

まとめ

- 事前準備で対応しきれないときには、問いかけパターンで臨機応変に対応すべし
- 〈共通・差分〉〈抽象・具体〉〈根拠・結論〉〈目的・手段〉〈順序・評点〉の5セット10パターンを覚えるべし
- 10パターンそれぞれで、自分が使いやすい問いかけ文章を作ってストックしておくべし

会議にOCHI（オチ）をつけよう

Outcome
会議成果と、積み残しになった
内容を整理・確認する

Check out
会議参加者に会議の感想を
一言話してもらう

Homework
いつまでに、誰が、何をやり、
その成果を誰に共有するのか
明確にする

Issue
議論の中で生じた重要論点を
確認する

会議の「クロージング」はおろそかにされがちです。「オープニング」はバッチリ、「ボディ」でしっかり議論もできた。なのに、「クロージング」がイマイチだと、せっかくの会議も台無しです。**「終わりよければ全てよし」といわれる通り、会議においても最後が大事です。**議論がちょっと消化不良だったかなと思っても、クロージングでまだ挽回できます。良いクロージングの要件は、会議成果と積み残しがはっきりしていること。そして、ネクストアクションが明確になっていることです。それができれば、会議に意味がなかったとはならないでしょう。

といっても、クロージングはやってみると難しいもので、会議をきれいにクローズできる人は多くはありません。そこでクロージングで使えるOCHIというフレームワークを考えました。〝オチ〟と読んでください。**「会議にOCHI（オチ）をつけよう」と覚えれば、忘れないと思います。**

OCHIのCは、以前ご紹介した「Checkout」を指すので、忘れてしまった方は、P90の「Checkin／Checkout」について復習しておきましょう。

とても汎用的な手法なので、会議に限らず、人が集まる場ならどこでも使えて便利です。

さて、OCHIに話を戻します。

OCHIのOは、Outcome（成果）を指します。意味は、以前ご紹介したOARRのO、GAPのGと同じと考えてもらって大丈夫です。

クロージングでは、まず、会議冒頭で掲げた会議目的と、会議の中で議論してきた内容を照らしましょう。そして、どのような会議成果があったか、しっかりと確認します。もし、積み残しがあれば、その内容も整理して確認してください。クロージングにおいては、この作業が最も重要です。成果なき会議は時間の無駄、すなわち悪です。

OCHIのCは、Ｃｈｅｃｋ ｏｕｔ（感想一言）を指します。

会議参加者に、会議の感想や思ったことなど、一言話してもらいましょう。1分程度で構いません。会議への懸念などあれば、ここで共有してもらうと、後で対処しやすくなります。また、次回会議への意気込みを語ってもらっても良いでしょう。場の雰囲気が良くなるはずです。

なお、最後は、その場で最も上位職である方に話してもらいましょう。立場上、会議内容を総括して締めてくれるでしょう。不安な場合は、会議前に最後に一言くださいと、伝えておきましょう。

OCHIのHは、Homework（宿題）を指します。

会議で議論が進めば、追加調査が必要になったり、新たな分析が必要になったりすることが当然あります。次回会議までにやってほしいことも出てくるでしょう。その際、「宿題」として会議の中で明確にしておくことをオススメします。

最も避けたいのは、会議後に、担当部署や担当者にファシリテーターがお願いすること。宿題はその場で全員の共通認識のもとでお願いしましょう。また、口頭ではなく、きちんとホワイトボードに記録として残すのが肝要です。

OCHIのIは、Issue（重要論点）を指します。

議論をしていると、「宿題」同様に、追加で検討しなければならない論点が出てくるものです。議論の中で生じた検討論点のうち、Issueとなりえる重要論点に関しては、会議最後に必ず確認しましょう。それが次回の会議における検討論点につながります。最後に示して、次回会議までに、各人に考えておいてもらうのが理想です。

なお、こちらも、「宿題」と同様に、口頭ではなく、ホワイトボードできちんと文字の記録として残しておきましょう。

以上がＯＣＨＩというフレームワークです。使ってみると分かると思いますが、簡単ではありません。**特に、最後のIssueについては、何が新たな検討論点なのかその場で見えないこともありますから、せめてOHIまで押さえれば十分でしょう。**

また、クロージングでどれぐらい時間をかければいいか？という質問を受けることがあります。私の場合は、会議時間の20％程度をクロージングで使うようにしています。60分の会議なら、約10分程度。それでギリギリぐらいのイメージです。１つの目安として考えてください。

まとめ

- 会議も終わりよければ全て良し、「クロージング」を甘く見るなかれ
- OCHIのうち、せめてO（会議成果）、H（宿題）、I（重要論点）は押さえるべし
- 会議全体の20％程度の時間を「クロージング」に充てるべし

「会議目的」を使い倒す

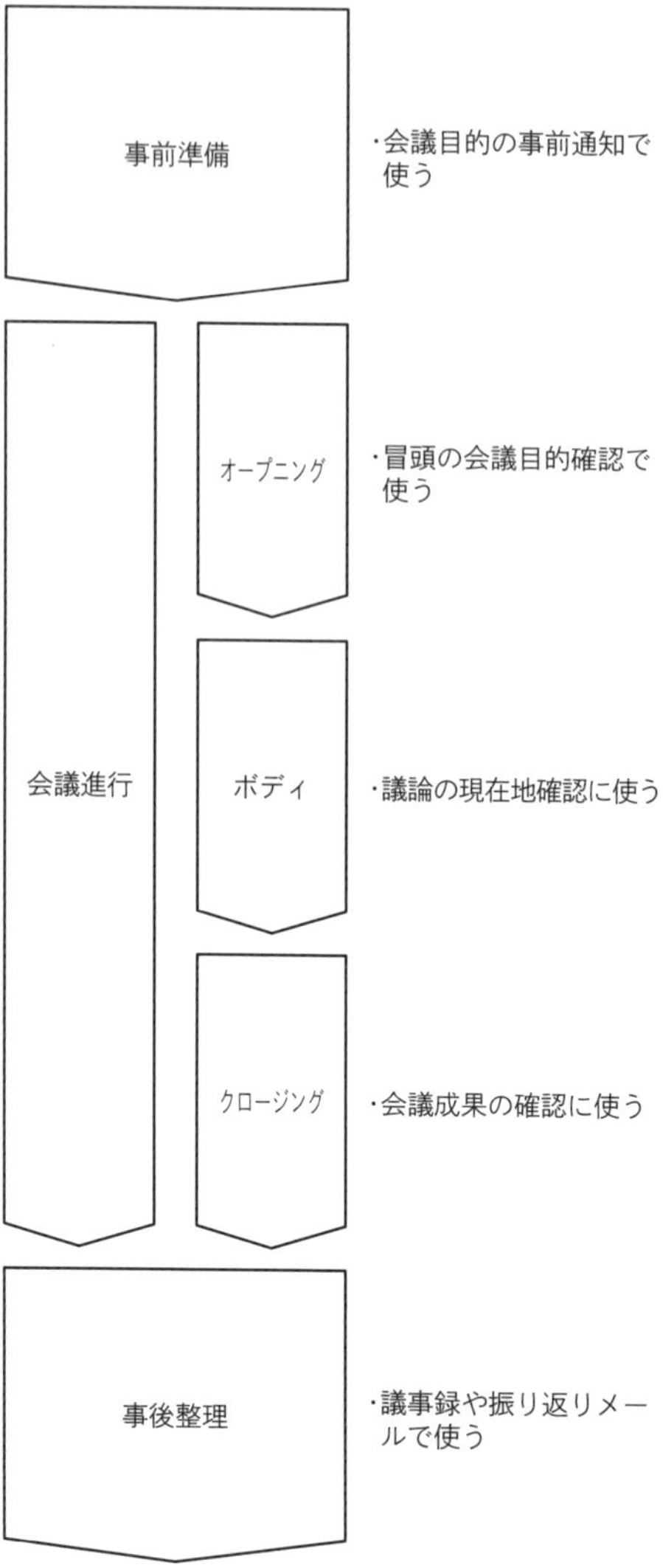
事前準備
・会議目的の事前通知で使う
会議進行
オープニング
・冒頭の会議目的確認で使う
ボディ
・議論の現在地確認に使う
クロージング
・会議成果の確認に使う
事後整理
・議事録や振り返りメールで使う

ここまで読んできてくれた方なら、ファシリテーションにおいて、会議目的がいかに重要か理解していることでしょう。

事前準備では、AIMというフレームワークで目的設定することを推奨しました。

そして、OARRやGAPといった会議設計のフレームワークにおいて、冒頭のOはOutcome（成果）を、GはGoal（目的）を指し、いずれも、まずは会議目的を設定することを意図しています。

また、クロージングのフレームワークOCHIのOであるOutcome（成果）でも、会議目的に照らして議論成果を確認する重要性を説きました。

私は普段から会議目的について口うるさくしているので、私と一緒に働いたコンサルタントたちは、会議目的をしっかり考えてくれます。ただ、一度会議目的を考えて、会議資料に載せてそれで終わってしまう人が多いのです。実にもったいない！

会議目的は、ファシリテーションの骨子となる最も重要な要素なので、使い所はたくさんあります。会議における「事前準備」「会議進行」「事後整理」の3工程いずれでも使えますし、「会議進行」においては、オープニング、ボディ、クロージングと全てで活用できます。

まず、**「事前準備」においては、事前通知として使えます。**

会議目的を会議が始まる前に事前にメールで連絡しておきましょう。できれば、会議前日の午前中まで、最遅でも会議当日の朝には送付しておきましょう。会議までに、事前に頭を使っておいてもらえること、必要な準備をしてもらえることの確率が上がります。

また、送付する際、「事前に疑問点などあればご連絡ください」と添えておくと良いでしょう。そこで何も連絡がなければ、その目的に沿って会議をすること自体は受け入れられたということを意味します。

次に、**「会議進行」のオープニングにおいては、冒頭の目的確認で使えます。**

私がファシリテーターの場合は、Ｃｈｅｃｋ ｉｎ前に会議目的を改めて説明して異論がないか聞くことが多いです。ただし、この時点で、事前に会議目的を通知して疑問点などの連絡が何もきていなければ、ほとんどの場合、異論を唱える人はいないはずですが、念のために確認します。冒頭で会議目的を確認することで、議論すべき内容に集中することができますし、会議途中で異論を唱えられて議論が頓挫するリスクを軽減できます。

「会議進行」のボディにおいては、議論の現在地確認に使えます。

会議目的が仮に3つあったとしたら、それらは1つ1つ議論すべきです。まずは、1つ目の目的に関する議論、そして、それが消化できたら次の目的に関する議論と進めていきます。ごちゃまぜに議論すると、議論の焦点が定まりませんし、不完全燃焼になる可能性が高いからです。

議論が迷走してきたら、今は何の会議目的に関して議論しているのか、必要に応じて認識を合わせましょう。会議目的は、議論の指針にもなるのです。

「会議進行」のクロージングにおいては、会議成果の確認に使えます。

OCHIのフレームワークの紹介でもお伝えしましたが、会議成果は、会議目的と照らして確認します。議論した結果、会議目的を達成できたかどうか、しっかり振り返りましょう。もし、全ては達成できていないということであれば、積み残しに関しても確認します。

この振り返りを最後にするかどうかで、会議成果の浸透度合いが変わりますし、会議参加者の会議満足度が大きく変わります。積み残しの議論については、次の会議の目的にもつながるでしょう。

「事後整理」においては、議事録や後に紹介する「振り返りメール」で使えます。

議事録を書くのが苦手な方は少なくないと思いますが、1つ書きやすくなる考え方としては、会議目的に沿って書くことです。

議事録は、本来、誰が何を言ったかを逐語的に記していくものではありません。仮にそうだとしたら、録音内容を後から聞けばよいでしょう。そうではなくて、議事録とは、会議目的に関して、どのような議論が行われて、どう達成できたのかを記すものであり、人の知恵と文章力を駆使した重要な資料なのです。

まとめ

- 「事前準備」で、会議目的を参加者に事前通知しておくべし
- 「会議進行」のオープニング、ボディ、クロージングそれぞれで会議目的は活用すべし
- 「事後整理」で、議事録を作る際は、会議目的に沿って議論内容を書くべし

周囲から協力を得るコツ5選

会議はファシリテーター1人だけでできるものではありません。

事前準備として、論点設計について上長に相談するかもしれませんし、会議資料作成に必要なデータを担当部署からもらう必要があるかもしれません。過去の取り組みについて、事前に当時のキーパーソンにヒアリングしておく場合もあるでしょう。

いずれにせよ、会議はさまざまな方々の知恵と時間が注がれて初めて成り立つのです。よって、**周囲から協力が得られるファシリテーターは自ずと会議が上手くなります。**

では、協力を得るコツは何でしょうか?

1つ目のコツは、「依頼内容はその場で合意を得ること」です。

例えば、会議の中で必要になった次回までのタスクを、会議参加者のAさんにお願いする場合は、会議の中で依頼して合意を得てしまいましょう。会議後にファシリテーターが

Aさんに依頼すると、誰が何のタスクを担っているのか、Aさん以外の会議参加者からは見えません。そのタスクをやるためには多少なりともリソースが必要ですし、しっかりAさんが貢献していることを全体で共有しましょう。また、後の「言った・言わない」を防ぐためにも有効です。

2つ目のコツは、「依頼内容は口頭だけでなく、記録に残すこと」です。

口頭でお願いする側は楽ですが、依頼される側は楽じゃないですから、文章に残しておくほうが相手にとっては親切です。また、お願いしたことを正確に伝えるためにも、記録に残しておくことは必要でしょう。できれば、会議が終わる前に、ホワイトボードに記録しておくとよいです。

そして、そのホワイトボード画像は、会議後にすぐ会議参加者に共有することをオススメします。ホワイトボードは会議参加者全員の共通認識を可視化したものなのです。

3つ目のコツは、「どのような意図で依頼内容が必要なのか理解してもらうこと」です。

必要な情報だけを示して、「×××をいつまでにください」というお願いの仕方をする方がいますが、あまり賢明ではないと思います。お願いするなら、どうしてそれが必要なのか、その情報を何に使って、どういうことがしたいのか。そこまで理解してもらうほうがよいでしょう。そのほうがお願いされたほうもやりがいがあります。

また、その情報がダイレクトになくても、意図さえ理解してくれていれば、代替となる情報を提供してくれるかもしれません。

4つ目のコツは、「依頼内容の進捗が滞った際は、きちんと催促すること」です。

相手は自分の仕事がある中で、こちらの依頼を聞いてくれているわけですから、その時点で引け目のようなものがあるかもしれません。しかし、それはそれとして割り切りましょう。いったん、依頼内容を引き受けてくれたならば、それは約束ですから、しっかりやってもらう必要があります。期日までにもらえなくても遠慮して言えないままでいると、「なーんだそんな重要じゃないのか」と思われて、依頼内容をおろそかにされてしまう可能性があります。

5つ目のコツは、「やってもらったことが役に立ったことを忘れずに報告すること」で

す。何か依頼して、それをやってもらった瞬間は、人として感謝を伝えるのは普通ですよね。しかしながら、やってもらったことが、後に具体的にどう役立ったのか、どういう効果があったのかまで、事後報告している方は少ないのではないでしょうか。

いくら小さなことでもいいので、お願いしたことをしてもらったおかげで助かったことは、逐次報告しましょう。それを忘れなければ、次回同様のお願いをしたときでも、相手は快く引き受けてくれるでしょう。

以上が、私のこれまでの経験則から言える、周囲から協力を得るコツ5選です。

どれも言われてみれば当たり前なことだと思いますが、普段から5つ全てができている人は意外と少ないのではないでしょうか。当たり前なことでも、しっかりやること。当たり前なことだからこそ、手を抜かずに、確実にやること。それが仕事でも私生活でも大事だと思います。

私の好きな標語で〝ABC〟というものがあります。

A(当たり前なことを)、B(バカにせず)、C(ちゃんとやる)という意味です。

皆さんも、ABCを徹底しましょう!

第4章

事後整理の鉄則

事後整理を3工程に区切る

事前準備 ＞ 会議進行 ＞ 事後整理

	振り返り	成果共有	成果反映
主なタスク	・ファシリテーションに関する振り返りmtgを行う ・会議成果の達成度合いを振り返る	・「振り返りメール」を翌日AM中に送信する ➡会議目的 ➡成果＋積み残し ➡宿題内容	・会議成果を資料に落としておく ・会議後に思いついた検討論点は、次回会議で議論できるように整理しておく
留意点	・振り返りmtgは毎回確実に行う (会議後30分は振り返り用に確保しておく)	・時間が経てば経つほど忘れてしまうので、翌日には確実に送る	・会議成果は、こまめに社内流通させられる資料としてまとめておく

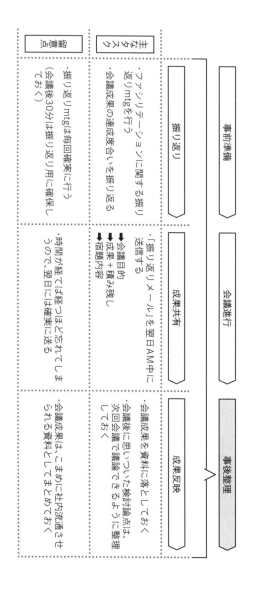

会議が終わった後には、事後整理が必要です。会議を終えて放ったらかしにしてしまっては、せっかくの議論成果も十分に使われません。**議論成果を十二分に生かすには、ABC（当たり前なことをバカにせずちゃんとやる）の徹底が重要です。**

また、会議を終えたら、自身のファシリテーションに関しての振り返りもしましょう。日々の振り返りが中長期的な成長につながります。

事後整理は、「振り返り」「成果共有」「成果反映」の3工程に分けることができます。これらは、面倒くさがらずに愚直にやるのがポイントです。

「振り返り」でやることとは、主に2つ。

1つは、ファシリテーションの振り返りミーティングを行うこと。後ほど紹介する、KPTという振り返りのフレームワークを使うと良いでしょう。少なくとも、ファシリテーターとプロジェクトリーダーで振り返りを行うことが望ましいです。

もう1つは、会議成果の達成度合いを振り返ること。上述の振り返りミーティングの中で一緒に確認してしまうと一石二鳥です。議論の中で出てきた新たな論点や、発生した宿題内容についても、プロジェクトリーダーと確認を済ませてしまいましょう。後が楽になります。

「振り返り」の留意点としては、振り返りミーティングは、やったりやらなかったり、というのがないように毎回確実に実施することです。

どうしても、スケジュールがキツキツになり忙しくなると、振り返りをスキップしがちになってしまいますし、時間が経てば経つほど、会議内容の記憶が薄れてしまいますから、事前に会議後30分は振り返り用に確保しておくとよいでしょう。

会議直後に振り返りを実施することを習慣化しましょう。仮にプロジェクトリーダーの時間が取れなければ、1人でも振り返りの時間をつくったほうが良いです。

「成果共有」でやることは、「振り返りメール」を参加者に翌日AM中に送付することです。「振り返りメール」とは、議事録を簡易的にしたものとご理解ください。

「テキストメールではなく、議事録を送るべきだ」と思った方は、もちろんそのほうがベターなので、議事録を作成してご送付ください。**ただし、議事録作りに時間がかかって、**

翌日AM中に送れないぐらいならば、簡易的バージョンの「振り返りメール」を早々に送ってしまったほうがはるかに良いと私は思います。さらに、ホワイトボード画像も添付すれば、十分でしょう。

「成果共有」の留意点としては、鉄は熱いうちに打て、ということです。**時間が経てば記憶は薄れていくので、どんなに遅くても、翌日中には成果共有しましょう。**議事録でもいいですが、参加者が知りたいこと、確認したいことに特化して、「振り返りメール」に盛り込めば、テキストメールで十分でしょう。

ここはとにかくスピードが重要です。会議後数日経ってから、議事録が回ってきたり、次回会議までに前回議事録が出来上がってなかったりするケースもありますが、それはもはや成果共有として機能していません。

「成果反映」でやることは、会議成果を資料に落としておくことです。単発の会議でもない限り、次回会議に議論は続きますから、会議成果は都度、議論の続きができるように資料化しておく必要があります。また、議論の中で出てきた新たな論点に関しても、次回会議で議論ができるように整理しておく必要もあるでしょう。
会議では〝モノづくり〟しているわけではないので、成果は目で見ることはできません。だからこそ、成果を形として残しておく必要があるのです。**成果無き会議は悪。成果はどんどん可視化しましょう。**

「成果反映」の留意点としては、会議成果の資料化はこまめにやっておくということです。1回の会議成果で、資料化できるとしたら、多くても2～3枚でしょう。大した数ではありません。ただ、それが溜まってしまうと大変です。時間を見つけて、コツコツ仕上げておきましょう。

もう1つの留意点としては、**資料化するときは「社内流通させられるもの」を作る意識を持つことです。**会議参加者がどこで誰向けに使うか分かりませんし、できれば、成果は全社で活用したいはずなので、初見でも理解できるように心がけましょう。

まとめ

- 「振り返り」の工程では、ファシリテーションの振り返りと、会議成果の達成度合いの振り返りを行うべし
- 「成果共有」の工程では、翌日AM中に「振り返りメール」を打つべし
- 「成果反映」の工程では、会議成果を社内流通できる資料に落としておくべし

最強の振り返りフレームワークKPT

Keep

次回以降も引き続き継続していきたいことを挙げていく

➡良かった点
➡まねしたいと思った点
➡褒めてあげたいと思った点

Problem

次回以降は避けたいことを挙げていく

➡改善点
➡見ていて気になった点

Try

KeepとProblemを踏まえて、次回の会議で達成したいことを宣誓する

達成可否が客観的に判断できるように、具体的な内容が望ましい

使用上のルール

1. Keep→Problem→Tryと、必ず順番に振り返る
2. まずは自身で挙げ尽くしてから、他者からコメントをもらう
3. 次回の会議終了後、Tryの内容がきちんとできたか確認する

前項で触れた、振り返りフレームワークKPT（ケプトと読む）について説明します。振り返りのためのフレームワークは、世の中にたくさん存在しています。ここでご紹介するKPT以外だと、YWTやStarfish、SSCなどがあります（ご関心があれば、調べてみてください）。

私がプロジェクトマネージャーをやり出した若かりしころ、チームで定期的な振り返りがしたいなと思って、いろいろ探して試しました。試行錯誤した結果、このKPTが最も使いやすかったので、それ以来、もう10年以上愛用しているフレームワークです。

KPTのKは、Keepを指します。次回以降も引き続き、継続していきたい「良かったこと」を挙げていきます。**自分に関して良かった点でもいいですし、メンバーを見てまねしたいと思った点、部下を見て褒めてあげたいと思った点など、チームで話し合いながら、ポジティブなものをどんどん挙げていきます。**

上手くいった現象だけを挙げて終わるのではなく、上手くいったその成功要因まで議論できると理想です。できる限り具体的に、後で読んでも思い出せるように書き留めておきましょう。

ＫＰＴのＰは、Problemを指します。次回以降は避けたい、気をつけたい「イマイチだったこと」を挙げていきます。あえて、〝イマイチ〟という表現を使っています。「ダメだったことを挙げましょう！」と言われると、身構えてしまう方もいるので、ネガティブなことは、なるべくまろやかに表現するのがコツです。

Keep同様に、自分の改善点や、相手を見ていて気になった点を挙げていきます。**ここは数多く挙げるよりは、「これだけは」というものに絞って挙げたほうが良いでしょう。**こちらも失敗要因まで議論できることが理想です。

ＫＰＴのＴは、Tryを指します。KeepとProblemで挙げたことを踏まえて、次回の会議でトライしたいことを宣誓します。Keepからは、次回もこれを継続したい！というものが、Problemからは、次回はこれを改善したい！というものが考えられるはずです。

なお、次回トライしてみて、上手くいったかどうかが客観的に判断できるような内容になっていることが望ましいです。あまりに高尚な内容だと、次回できる可能性は低いので、ちょっと頑張ればできそうなことを宣誓してみると良いでしょう。**1歩ずつの前進が重要です。**

概要は以上ですが、ＫＰＴは使用ルールが決まっています。

1つ目は、**Keep → Problem → Try と、必ず順番に振り返ることです。**

「さぁ、先ほどの会議を振り返りましょう」と言うと、たいていは、あそこがダメだったとか、もっとこうすればよかったとか、次回はこうしますとか、（特に日本人は）そんな反省の弁を述べがちです。そうではなくて、必ず、Keep から振り返りを始めること。Keep を出し尽くしてから、Problem。Problem を出し尽くしてから、Try。順番に話を進めていきましょう。Keep のない会議はないのです。

2つ目は、**Keep と Problem は、まずは自分自身について自分が振り返りを出し尽くしてから、他者からコメントをもらうということです。**

最初から、自分で自分の Keep を挙げるので少し照れくさいかもしれませんが、すぐ慣れます。また、他者の Keep についてコメントするときは、重複を気にせず、どんどん言ってあげましょう。一方、他者の Problem については、すでに自分で出している内容であれば触れる必要はないです。分かっていることを他人からまた言われるのは気持ちよくないですから、温かく見守りましょう。

3つ目は、**次回の会議終了後に、Tryで宣誓していた内容ができていたか確認することです**。せっかくKPTで振り返りをして、トライする内容まで決めていたのに、そのまま放置しては意味がありません。

頑張ればできることをTryで挙げていたはずですから、できていなければおかしいのです。できていなければ、その原因までしっかり考えましょう。

なお、毎回のKPTは、必ずメモに記録し、ストックしておきましょう。そして、たまに過去のKPTを見直してみましょう。きっと、自身の成長が感じられると思います。

まとめ

- 「Keep」で、次回以降も引き続き、継続していきたいことを挙げるべし
- 「Problem」で、次回以降は避けたいことを挙げるべし
- 「Try」で、Keep と Problem を踏まえて、次回の会議でトライしたいことを宣誓すべし

シンプルでいい！振り返りメール

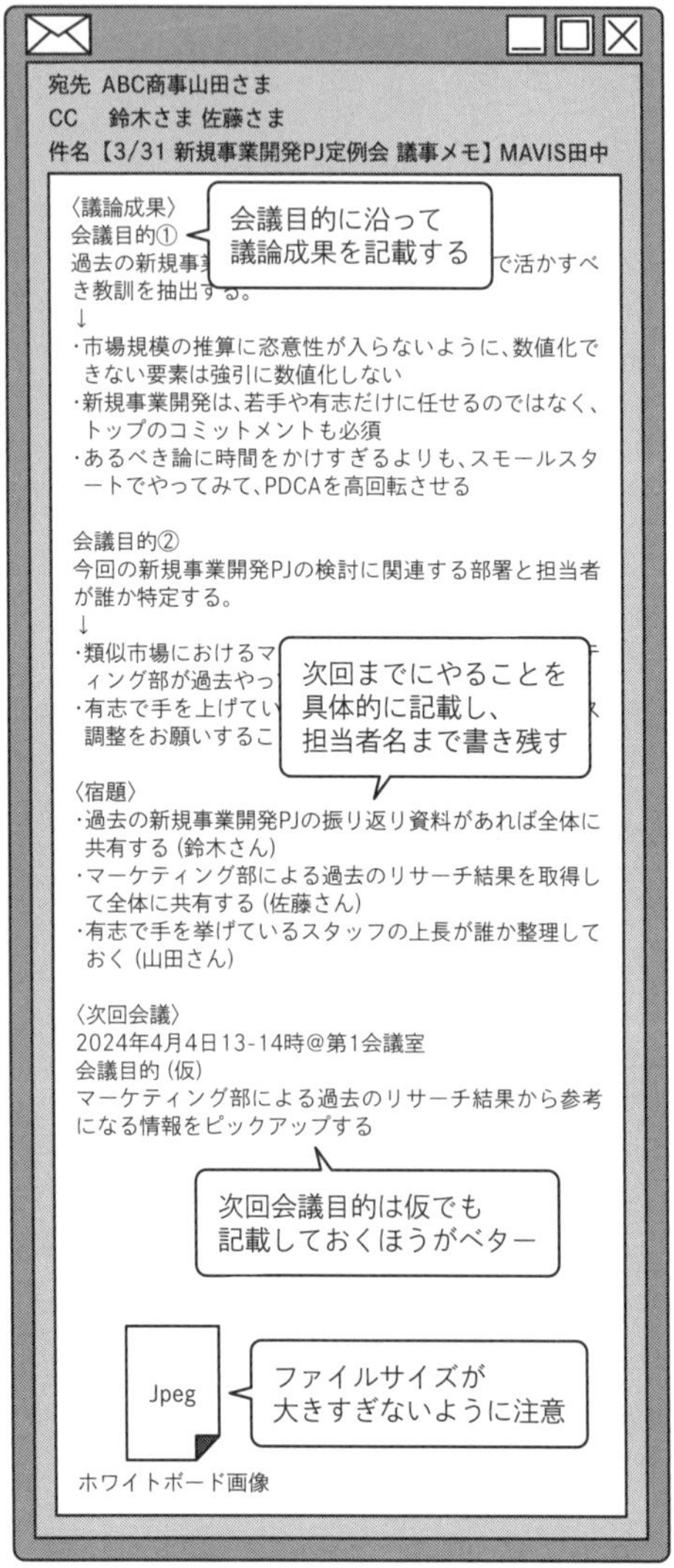

宛先 ABC商事山田さま
CC　鈴木さま 佐藤さま
件名【3/31 新規事業開発PJ定例会 議事メモ】MAVIS田中
〈議論成果〉
会議目的①
過去の新規事
で活かすべ
き教訓を抽出する。
↓
・市場規模の推算に恣意性が入らないように、数値化できない要素は強引に数値化しない
・新規事業開発は、若手や有志だけに任せるのではなく、トップのコミットメントも必須
・あるべき論に時間をかけすぎるよりも、スモールスタートでやってみて、PDCAを高回転させる
会議目的②
今回の新規事業開発PJの検討に関連する部署と担当者が誰か特定する。
↓
・類似市場におけるマ
ィング部が過去やっ
・有志で手を上げてい
調整をお願いするこ
〈宿題〉
・過去の新規事業開発PJの振り返り資料があれば全体に共有する（鈴木さん）
・マーケティング部による過去のリサーチ結果を取得して全体に共有する（佐藤さん）
・有志で手を挙げているスタッフの上長が誰か整理しておく（山田さん）
〈次回会議〉
2024年4月4日13-14時@第1会議室
会議目的（仮）
マーケティング部による過去のリサーチ結果から参考になる情報をピックアップする
Jpeg
ホワイトボード画像
会議目的に沿って
議論成果を記載する
次回までにやることを
具体的に記載し、
担当者名まで書き残す
次回会議目的は仮でも
記載しておくほうがベター
ファイルサイズが
大きすぎないように注意

「成果共有」では、「振り返りメール」を送ることをオススメします。議事録は各社各部によってフォーマットが違うケースがあり、人によっても議事録の型というものは異なるでしょう。

例えば、コンサル業界の議事録は、Findings（議論における気づき）抽出と情報の構造化にこだわります。議事録をスピーディに書けるのならば、議事録を展開するほうがベターだと思いますが、議事録作成はとかく時間がかかりがちです。**議事録作成が仕事になってしまうと本末転倒ですから、あまり時間をかけるのは賢明ではありません。**

一方、今回紹介する「振り返りメール」は、必要最小限の内容をメールでさっさと展開してしまいましょう、というものです。メールだからPC以外でも読みやすい。そして、誰しもメールソフトは使っているはずなので、キーワード検索しやすい。さらに、転送してほかに展開しやすい。そんな利点を持っています。

わざわざWordやExcelでフォーマルな議事録を書くことに時間を使うぐらいならば、メールで要点を書き、それを参加者に共有してしまったほうが良いでしょう（もちろん、形式的な議事録が必要な会議もあります）。

振り返りメールに含める要素の1つ目は、「議論成果」です。

会議目的に沿って、どのような議論をしたか記しましょう。積み残しもあれば、併せて記録します。冗長だと読まれなくなってしまうので、**簡潔に「確実に覚えておいてほしいこと」のみを記録に残すことが肝要です。**クロージングのフレームワークOCHIのOの内容といってもいいでしょう。

また、議論の中で新たな論点が出てきた場合は、それについても言及しておきましょう。新たな論点は、次回以降の会議で議論をしていくことになります。

2つ目の要素は、「宿題」です。

「Todo といっても良いですが、議論の中で、追加調査や追加分析が必要になった場合、誰かに依頼することになります。何を誰にいつまでにやってもらうのか、それを振り返りメールの中で明示しておくことが重要です。クロージングのフレームワークOCHIのHの内容といってもいいでしょう。

担当者名まで書くことは当然として、その担当者が当該メールを読んで、依頼事項を思い出せるかどうかが重要です。認識のズレが生まれないよう、正確に具体的に記載するよう心がけましょう。

3つ目の要素は、「次回会議日程」です。

振り返りメールを送るときには、次回日程について社内調整は済ませておきましょう。定例会であれば、数カ月先まで固定曜日時刻で予定をブロックしておくのが良いですが、そうでなければ、予定は早めに押さえておきましょう。**目的ありきで会議参加者候補をピックアップすれば、〝声の掛け忘れ〟はないはずです。**

遅刻は厳禁です。10分遅れられると、その人のために再度冒頭の説明をしなければなりません。全員が定刻で参加できるスケジューリングをしましょう。

4つ目の要素は、「ホワイトボード画像」です。

前章で解説したとおり、ホワイトボードで会議成果を記録できるようになっていれば、ホワイトボードが議事録代わりにもなります。なお、**ホワイトボードが上手い人は、議事録を書くのも上手い人です。ホワイトボードが上手くなれば、その後の「事後整理」の工程が楽になります。**

振り返りメールの補足になるように、スマホで撮影した、ホワイトボード画像をメールに添付しましょう。その際、画像サイズは大きすぎないように注意です。送付時、適宜サイズを圧縮しましょう。

以上が振り返りメールの内容です。スピード重視で要点だけをメールで送ってしまうことに意味があります。会議翌日AMまでには、メールで参加者に送付しましょう。最遅でも翌日中には送付したいところです。慣れると、会議当日には仕上げられるようになります。

プロジェクトリーダーやメンバーとKPTで振り返りをするがてら、「議論成果」や「宿題」についても認識を合わせてしまいましょう。**KPTが終わった段階で、振り返りメールの内容はほぼ出来上がっているのが理想です。**慣れれば数十分の作業です。

まとめ

- 議事録作成に時間をかけるぐらいならば、振り返りメールを早々に送付するべし
- 「議論成果」「宿題」「次回会議日程」「ホワイトボード画像」の4点セットを送るべし
- 振り返りメールは翌日AMまでに送付すること。慣れれば、当日中に送付できる

ロジカルな資料には型がある

① オーソドックスパターン

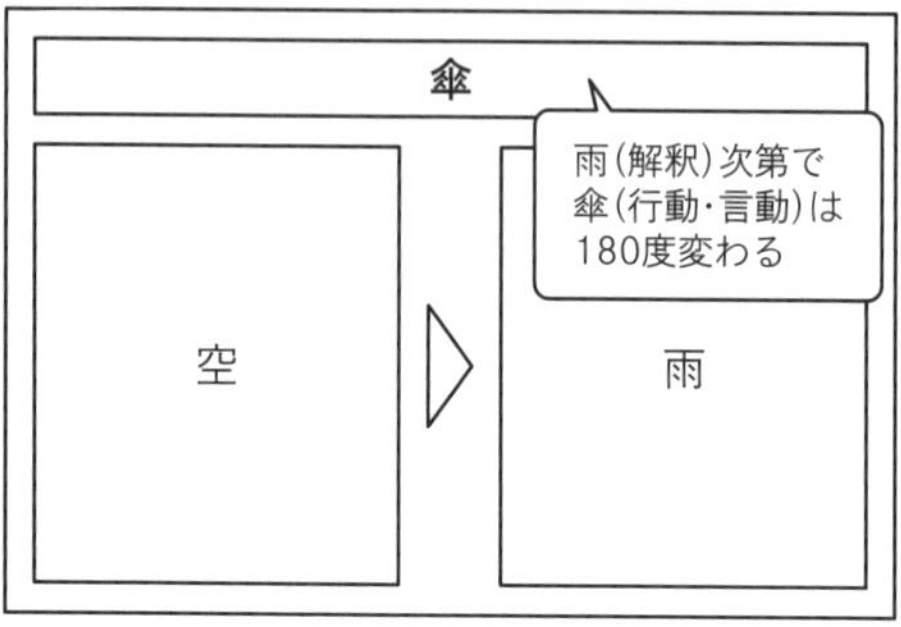

②A 傘なしパターン

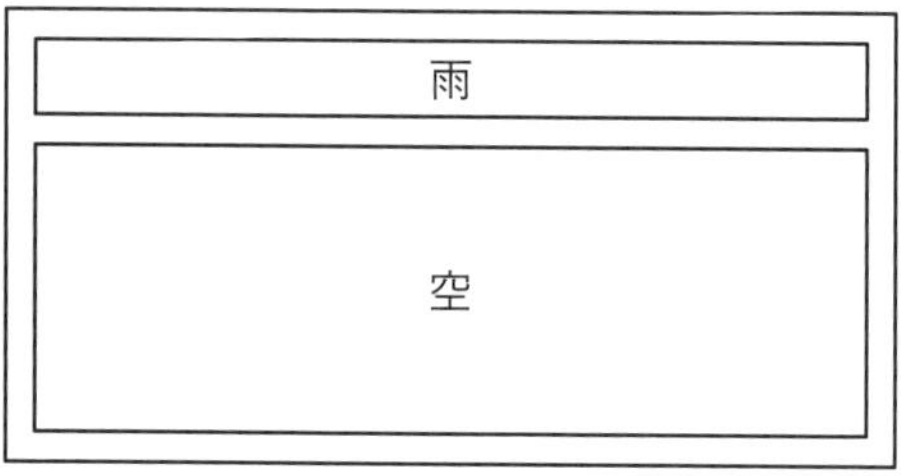

②B 傘なしパターン

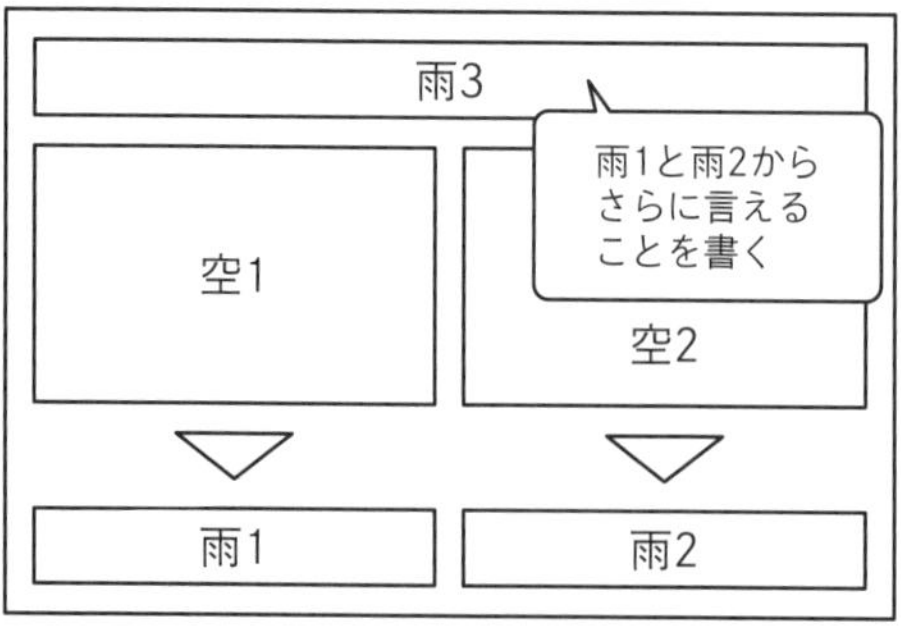

「成果反映」では、会議成果を資料に落としておくわけですが、社内流通させるにも、次の会議で使うにしても、ロジックが通った内容である必要があります。上司から「資料化しておいて」と言われた場合、好き勝手に自由にお絵かきしていいわけではありません。**誰が見ても分かりやすく、誤解のないような資料を目指しましょう。**

逆に、分かりにくい資料とはどのようなものでしょうか。何が言いたいのか分からない、どうしてそれが言えるのか理由が分からない、そもそも資料の見方が分かりにくい、といったところでしょうか。

それらを解決できる資料の型というものがあります。世の中には、資料作成のノウハウを説いた書籍がたくさん出ているので、それらを読んで学んでもいいですが、**ここで私が伝えることは1つだけ。「空雨傘を区別して配置せよ」ということです。**この原則だけ意識しておけば、資料は飛躍的に分かりやすくなります。

前章で説明した、空雨傘を覚えていますか？「空」は事実、「雨」は解釈、「傘」は行動を表しています。同じ事実を見ていても、人によって解釈が変わり、その解釈の結果、行動も変わる、ということです。

オーソドックスなパターンは、ボディの左側を「空」にして、右側を「雨」にする。そして、メッセージラインを「傘」にする型です（図①）。

「空」には、数値データや定性情報、インタビューコメントなどが入ります。

「雨」には、将来予測や評価、因果関係の推察などが入ります。

そして、「傘」には、「〜すべき」といった提言や主張が入ります。

「空」部分は、グラフにしてしまうことも多いです。あるいは、データを数表で表す場合も多いでしょう。ポイントは左から右という流れで、「空」から「雨」を示すことです。逆の流れはNGです。

もう1つのパターンは、傘がない型です。ボディを全て「空」で使ってしまって、メッセージラインを「雨」にする型です（図②A）。

言いたいことの内容次第では、提言や主張ではなく、一歩手前の〝解釈〟を示したい場合もありますから、そういった場合は、「傘」は外して、「空」と「雨」だけで表現するのです。

なお、ボディの左側に「空1」を置き、下に「雨1」を置く。ボディの右側に「空2」

を置き、下に「雨2」を置く。そして、メッセージラインには、「雨1」と「雨2」から言える「雨3」を示す、といったレイアウトもありえます（図②B）。

空雨傘と3要素あるパターンでも、空雨と2要素しかないパターンでも、いずれにせよ、**ポイントは事実と解釈を区別していることです。**

人の話が分かりにくい、あるいは、文章が分かりにくい原因の大きな1つが、「それが事実なのか、その人の解釈（意見）なのか」が分からないことです。事実と解釈をごちゃまぜにしてしまうと、建設的な議論はできないのです。事実と解釈を区別しておけば、同じ事実を見ていても、人によって解釈は違いますから、その時点で意見の相違が生まれやすく、議論になりやすいのです。

例えば、コップに半分だけ入った水があるとしましょう。半分の水が入っていることは紛れもなく事実ですね。それに対して、Aさんは、「もう水がこんなになくなってしまった」と解釈すれば、「よし、水を追加しよう」と考えるかもしれません。

一方、Bさんは、同じコップを見ても、「まだ水がこんなにある」と解釈すれば、「まだ、水は追加しなくていいや」と考えるかもしれません。**この空雨傘の流れを資料上でしっかり区別して示しておくことで、「私はその事実に対してこう思う（解釈する）」という意見が出やすくなるのです。**

その他、資料作成する上で、ボディのフォントの大きさは統一するとか、使用カラーは3色までとか、会社によっていろいろルールがあると思いますが、会社で決まっている資料の体裁上のルールはきちんと守ることが重要です。

それらのルールは、資料作成を効率化するために存在しているはずです。無駄に色使いで迷ったり、文字の大きさをどうするかで迷ったりしないためのルール、パッと見て分かりやすくするためのルールです。**もし、そういったルールがないならば、まずは自部署でルールを作ってみてもいいかもしれません。**

まとめ

- ロジカルな資料を作成したければ、空雨傘を区別して配置せよ
- 事実と解釈を区別して示せば、議論が生まれやすくなる
- 資料の体裁上のルールは、資料作成を効率化するためにあるもの

coffee

ＫＰＴ振り返りミーティングの意義

本章で振り返りのフレームワークＫＰＴをご紹介しましたが、ＫＰＴを使うようになったきっかけは、私がプロジェクトマネージャーをやり始めたころ、チームでの振り返りの必要性を感じたことです。

それまで、先輩からは、「プロジェクトが終わるごとに振り返りをして記録に残しておくといいよ」とアドバイスされて、素直に数カ月ごとの振り返りをしていたのですが、チームを持つと、もう少し頻度高く振り返りがしたいと思い、いろいろ試した結果、ＫＰＴを使うようになりました。私が感じているＫＰＴ使用の意義をお伝えします。

１つ目は、良かったことにも目を向けられて、自信が持てるようになることです。

一生懸命に取り組んだとしても、誰にだって上手くいかなかったり、失敗したり、落ち込むときだってあります。それでも、良かった点を見つけ出して、しっかりと認識することはとても重要だと思います。

KPTでは、初めにKeepについて振り返りをしますが、Keepが1つでも挙げられると、気持ちもホッとします。なかなか、部下や同僚のことを褒めるのが照れくさいという方でも、そういうルールとしてKPTに取り組んでもらうと使いやすいと思います。

2つ目は、改善点を自分で気づけるようになることです。

当たり前ですが、改善点というものは、自発的に気づいたほうがその後の血肉となりやすいですよね。他人から、「あそこがダメだったから直しなさい」と言われて、素直に直そうと心から思える人は多くはないのではないでしょうか？

尊敬できる上司から言われれば受け入れられても、そうでない人に指摘されてしまうと、素直になれないかもしれません。KPTでは、KeepもProblemもまずは自分で自分のことを挙げ尽くすのがルールですから、自分で気づくことが促されます。

3つ目は、振り返りを通して上司の知見を部下に継承できることです。

KPTという振り返りの場においては無礼講です。上司も部下も関係なく、一緒に振り返ることが重要です。そこで、上司に対するKPTもやることで、上司がこんなことを考えていたのかという気づきが得られますし、上司が工夫していたことや、次はどうしようと思っているかも知ることができます。

また、後輩に対するKPTで、何かProblemが挙げられたときに、上司が自分だったらどうしたかを話してあげれば、後輩としても、勉強になります。

4つ目は、改善点が明確になるので気持ちがスッキリすることです。

ファシリテーションに限らず、一生懸命、事前準備をして臨んだことが上手くいかずに失敗してしまうと、眠れないぐらい悔しくて、自己嫌悪になる人はいませんか？　まさに私がそういうタイプなのですが、そういう場合は、モヤモヤしていることを全部書いてしまうと良いです。まさにKPTのProblemがそうですよね。

しっかりとチームで改善点を棚卸ししておけば、今後それさえ解消すればいいと思えるので、なんとか明日を前向きに迎えられるのです。

5つ目は、誰でも確実に成長できる実感が持てることです。

KPTでは、Keepも Problemも棚卸ししますし、最後のTryで次にトライすることをチームメンバーに対して宣誓します。そして、次の回でそのトライができていれば、その人は一歩成長したということを意味します。

KPTで振り返るということは、良かった点はさらに伸ばし、改善点は1つ1つ潰していくことを意味します。人の成長は一足飛びにはいきません。昨日より今日の自分、今日より明日の自分と、日々着実に成長していくことが重要です。

KPTに対しては、以上のような意義があると考えていますが、私自身がこれまでにこのフレームワークに相当助けられてきました。

コンサルタントという仕事は、何も考えずにやっていると、積み重ねのない職業です。目の前の仕事に取り組むだけで時間がどんどん過ぎていきますし、毎回新しいテーマに取り組んでいると、成長実感が得られにくいのです。そういうとき、**このKPTで振り返った結果をストックしておき、たまに見返すことで、自分の成長曲線がおぼろげながら見えてきます**。精神衛生上とても助かるのです。

第2部

ファシリテーターの
成長を
加速させる掟

第5章

スピーキングの掟

1分以上、話し続けない

ファシリテーター初心者が場数を踏み、場馴れしてくると、一方的な説明が長くなる傾向があります。おそらく、しっかり事前に会議設計をして、議論の進め方も頭に入っているのでしょう。そのため、その通りにやろうとして、一生懸命に意図を説明しようとするのだと思います。しかし、それはあまり良いとは思いません。

ファシリテーターは、会議の〝黒子〟にすぎないので、会議をファシリテーターの独壇場にしてはいけません。参加者も、せっかく議論をするために参加しているのに、説明ばかり聞かされていたら、興ざめしてしまいます。

そして、やたらと長い〝イントロ〟を終えた後に、ファシリテーターがよく問いかけるセリフが「ここまでで何か違和感がありますか？」というもの。

じっと待っても意見が出なければ、「では、何もないようなので……」と言って、先に話を進めてしまう。そんなことありませんか？

これ、慣れてきたファシリテーターが陥りやすい罠です。「違和感がありますか？」と聞かれたときに、YESかNOで答えられないときだってあるのです。そもそも、何の説明に対して違和感があるか聞いているのか不明。話が長いほど、反応に困ってしまいます。

「何も意見が出ない＝違和感がない」というわけではないのです。もちろん、そういう場合もあるかもしれませんが、大概は、説明を聞いても内容を理解できていないか、何に対してコメントしていいか分からないだけです。ファシリテーターがそれに気づかずに会議を進めてしまうと、大惨事になりかねません。

ようやく会議が終わって、参加者の顔を見ても、不完全燃焼な様子。モヤモヤがたまって、「なんか違うんだよなぁ」なんて裏で言われてしまう始末。とてもリスキーです。意見が出ないことは決して良いことではないのです。

では、どうしたらよいか。

せめて、途中、キリのいいところで、参加者に意見を請いましょう。意見を請うにしても、「何か違和感ないですか?」だけでは弱いので、**具体的な論点を示して、「ここの点について、担当のAさんはどう思われますか?」と、しっかり切り込んでいきましょう。**

ファシリテーターがやりたいことを説明するのに、一方的にダラダラ説明するのはご法度です。いくらイントロとはいえ、参加者の口を開かせる工夫、参加者を巻き込む工夫、場を温める工夫がないと、一方的な説明で終わってしまいます。

また、私の経験則だと、**ファシリテーターが1分以上話し続けると、もう長いです。**たとえ、説明したいことが1分で終わらないにしても、途中で質問や問いかけを入れるなど工夫して、自分以外の参加者が話すターンを作りましょう。それを意識するだけで、一方的ではなく、双方型の会議になっていきます。

特に、会議のオープニングは〝議論のエンジン〟をかける大事なプロセス。Check inも活用しつつ、場を温める努力をしましょう。ファシリテーターは黒子であり、縁の下の力持ちであることを忘れないように。

理路整然と話し、余計な間をつくらない

ファシリテーターは、バラエティ番組で言うところのMCです。バラエティ番組のMCは、皆さん、しっかりとハキハキ話されますよね。仮に、その場を〝回す人〟が滑舌が悪く、何を言っているのか分からないようだったら、番組参加者も困ってしまいますから、MCをやられる方々は、理路整然と話し、分かりやすく問いかけをしなければいけないのだと思います。会議のファシリテーターも同様です。**その場の議論を仕切る人は、参加者にとって、聞きやすく、分かりやすく、話しやすくなければなりません。**

言われてみればその通りだと思うかもしれませんが、実際は、ファシリテーターの中でも、話が冗長で、たどたどしい説明をする人は少なくありません。聞く側をイライラさせてしまうので、要改善です。

もし、話すことに苦手意識があるのであれば、**ファシリテーションで話すセリフを全て作文してしまうことをオススメします。**持論ですが、人間は書けないものは話せません。まずは、全て文章にしてみて、じっくり推敲してください。そして、それを説明するようにすれば、その場でダラダラと分かりにくい説明をすることはなくなるでしょう。

また、簡単にできる工夫としては、言いたいことがあるなら、結論から示すこと。「結論から言え」なんてことは、昔から言われていますし、誰しも一度は聞いたことがあると思いますが、それができていない人は意外といるものです。**言いたいことを文章化するときには、必ず結論を先に持ってきましょう。**

PREPなんてフレームワークもあります。Point（結論）→Reason（理由）→Example（例）→Point（結論再掲）という流れで話そうというものです。当たり前だけど、大事な話し方のコツだと思います。

ただし、結論を先に置いて、言いたいことを文章化して、それを説明するようにしたとしても、まだできることはあります。それは、ノイズを減らすこと。

「ノイズ」というのは、「あのー」とか、「なんか」とか、「なんていうか」とか、無駄な言葉を指します。緊張すると多発してしまいがちですが、これがあると耳障りで話が非常に聞きにくいのです。ノイズは自然と気づくことは稀ですから、自分の説明を録音して後で聞いてみるとか、周りの人に指摘してもらうとか、そういった努力を愚直にするしかノイズを減らすことはできません。

場つなぎとして、「えーと」などのノイズを使うぐらいならば、沈黙のほうがはるかに良いと思います。ただ、ファシリテーターが話すターンのときに沈黙して不可解な間ができてしまうと、会議参加者も困ってしまいますから、ボールは渡した状態で沈黙を恐れないことが重要です。

困ったらボールはすぐに渡しましょう。「なるほど、それに関してBさんはどう思いますか?」など、具体的に振ってしまえばいいのです。そこで沈黙が生まれても、それはBさんの問題ですから、黙って待つ。少しズルいですが、これもテクニックの1つです。

高テンションで話し、いつも上機嫌

「どうしたら、会議がもっと盛り上がるんだろう」と悩んでいる人に限って、ファシリテーションのテンションが低いものです。**会議が盛り上がることを望むならば、自分の熱量を上げないとダメです**。冷めた空気が漂う会議ならばなおさらです。放っておいたところで、勝手に全体の熱量が上がることはありません。

冷めた場を温めるには、自分自身がテンション高く振る舞い、高い熱量を放出することが重要です。「そんな無理したくないよ」と思うかもしれませんが、会議の時間だけと割り切ってでも、テンションを上げてみましょう。

具体的に何をするか？

簡単です。**少なくとも、声は大きくハキハキ話すこと**。人間の声というのは、とても不思議だと思います。声を聞くだけで、喜んでいるのか、怒っているのか、哀しんでいるのか、楽しんでいるのか、喜怒哀楽すら判別できますよね。だから、ファシリテーターにとって、声は重要です。

要点はゆっくり話したり、聞き手を飽きさせないように緩急をつけたり、いろいろな工夫ができます。その第1歩として、まずは声を大きく出すこと。声が大きい人に対して、「この人テンションが低いなぁ」と感じる人はいないのです。

テンションをここまで重視する理由は、テンションは周りに伝染するものだからです。会議の場にかかわらず、複数の友人と話していたときに、テンションの低い人がボソボソと入ってきたら、全体の場も暗くなりますよね。

逆に、とてもテンションが高く明るい人が入ってきたら、雰囲気もパッと明るくなります。会議でも同様です。（黒子ながらも）人前で最も目立ってしまう役目であるファシリテーターのテンションが高ければ、会議参加者のテンションも徐々に上がっていくのです。

場の雰囲気をコントロールできるのは自分なのです。

といっても、「今日は疲れていて、なんか気が乗らない」とか、「最近辛いことがあってテンションが上がらないよ」なんてこともあるでしょう。人間ですから当然です。

それに対して、私の考えを述べるならば、「そう諦めるなら、あなたはファシリテーターに向いていない」ということです。ファシリテーター次第で、会議成果は変わります。責任重大です。だから、ファシリテーターをやるなら、そのときは私情を捨ててください。その日の気分で流されないでください。**いつでも、明るく、元気に、ハキハキしていることを目指してください。**

なお、私は、ファシリテーションに限らず、プロとして仕事をするならば、この姿勢は大事だと思います。仕事は仕事です。顧客から報酬をいただくわけですから、私的事情でサービスの質を下げてはダメですよね。**いつでも、どんなときでも一定以上の質を担保できることがプロの条件です。**そのためには、自分の気持ちをコントロールし、常に上機嫌でいられることが必要です。

上機嫌な人には人が集まります。相手が誰であれ、自分の世界観をつくり、自分の土俵で戦えるようになれば、本領を発揮しやすくなります。

第6章

リスニングの掟

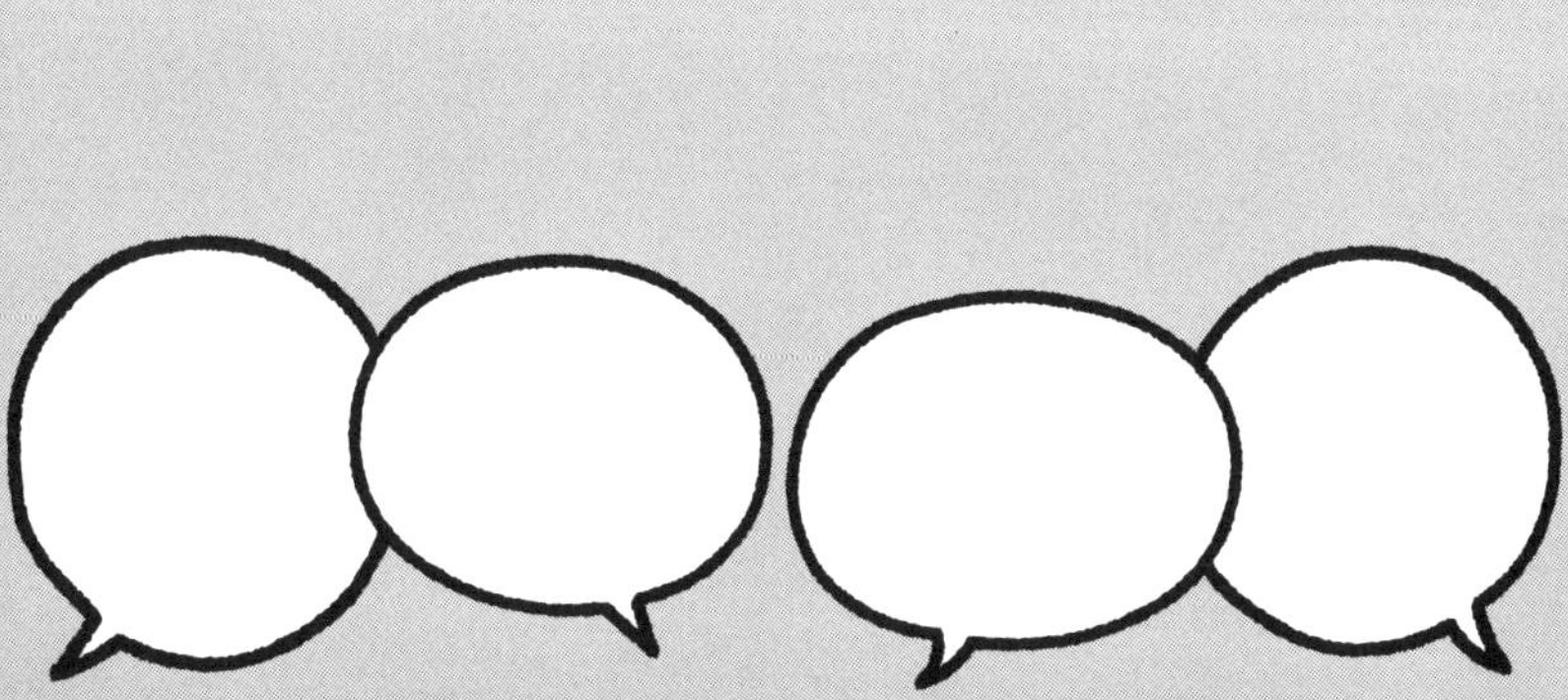

話し手へのリスペクトを絶対忘れない

ファシリテーターは、マルチタスクが求められます。聞きながら、書きながら、話しながら……。しかし、参加者が話していることを上の空で聞いてはいけません。せっかく意見を出してくれているわけですから、話し手へのリスペクトの精神を持ち、しっかり耳を傾けて聞くことが基本です。

もちろん、次の展開を考えていてもよいですが、メインは聞くこと。もし、マルチタスクができないなら、聞いて理解することに徹しましょう。**聞けなければ、そもそも理解ができませんから、ファシリテーターにとって聞くという技能は最も重要なのです。**

「聞く」といっても、単純に流れてくる言葉を捉えるだけでは不十分です。話し手の真意を汲み取る努力をしましょう。どうして、この人は、このタイミングで、こういう意見を出してくれたのか。**議論の文脈を読みながら、発言の意図を推察するのです。**

人間は、思っていることと、言っていることが違う可能性がありますよね。もしかしたら、周りの意見に流されて同調コメントを言っているだけかもしれないし、Aさんとは反対意見が言いたいから、Bさんは異論を唱えているだけかもしれない。そこまで「読む」努力が必要です。

そして、ただ「聞く」だけではまだ不十分です。**意見を聞いたからには、しっかりリアクションを取りましょう。**たまに、聞いて理解することに一生懸命になりすぎて、反応が鈍い人がいます。それだと、発言者にとっては肩透かしです。せっかく意見を言ったのに、ちゃんと聞いているのか分からない。だったら、もう次から意見は言わない、となってしまうかもしれません。

会議参加者とファシリテーターの間には信頼関係が必要です。会議参加者から信頼されるには、ちゃんと聞いていますよ、理解していますよ、を示すべきなのです。

ただし、〝リアクション〟というと、大袈裟に驚いたり、派手なジェスチャーをしたりするイメージがあるかもしれませんが、そういうことではありません。**あなたの意見をしっかり受け止めていますよ、ということを示すのです**。なるべくポジティブな反応がベターです。

私がよく使う相づちフレーズは、「貴重なご意見ありがとうございます」「それは大事な視点ですね」「とてもリーズナブルな考え方だと思います」です。ちょっとズレてるかなという意見に対しては、「なるほど、そういう考え方もあるかもしれませんね」という反応も良いでしょう。

また、もっと簡単な相づちとして、〝単純に言われたことを繰り返す〟というものがあります。例えば、「我が社には株価対策が必要だ」という意見が唐突に出たとします。そしたら、「〝株価対策〟……ですか?」とただ繰り返す。続きを知りたいという気持ちで、少しゆっくりめに繰り返すと良いでしょう。そうすれば、発言者は、〝株価対策〟について補足説明をしてくれるはずです。

言い方次第では、バカにされたように感じられてしまうので、繰り返しの仕方は注意が必要です。**関心と好奇心を持って繰り返してみましょう**。

勝手な解釈、分かったフリはしない

これまでお話ししてきた通り、ファシリテーターにとって、事前に会議設計をして、議論プロセスを想定しておくことが大事です。そのためには、議題に関連する情報は会議までに頭の中にインプットしておくことも当然しなければなりません。

例えば、商品開発に関する会議を行うなら、現状どんな商品を出しているかとか、市場マーケティング調査の結果とか、想定ターゲット情報ぐらいは、事前に知っておくべきでしょう。**ただし、いくら事前準備しておいても、当日、その場で参加者の意見が理解できないことはあるものです。**

そういう、「ん？　どういう意味だろう？　なんの話だろう？」と思ったとき、**絶対してはいけないことは、「勝手な解釈」と「分かったフリ」です。**曖昧なフワッとした意見が出たときに、おそらくこういうことだろうなと勝手な解釈をして会議を進めてしまったり、ちゃんと理解できていないけれども、分かったフリをして見過ごしたり。皆さん、そんなことをしたことはありませんか？　ファシリテーターの場数をある程度踏んだ方ならば、一度はそういう経験があると思います。そして、後で痛い目に遭い、「もっとちゃんと聞いておけばよかった」と後悔する。

私も若かりしころ、そういう経験はたくさんしてきました。
では、どうして、「勝手な解釈」や「分かったフリ」をしてしまうのでしょうか？
理由は、いくつかあるように思います。

1つは、「もしかしたら、分からないのは自分だけなのかもしれない」と思い、口を挟むことがはばかられてしまうというもの。もう1つは、「こんなことを聞いたら、ファシリテーターを担っているのにバカと思われてしまうかもしれない」と思い、余計なプライドが邪魔をしてしまうというもの。**いずれにせよ、〝自分に対する自信のなさ〟が根本にあると、私は思っています。**

それに対して、ド直球に言いたいのは、「自信を持ちましょう！」ということ。

ここまで読んでいただいた方なら共感していただけると思いますが、ファシリテーションは決して簡単ではありません。あなたは、そんなファシリテーションを人前でしているのですから、すでに立派なのです。

そして、**その場の参加者の中で、最も頭がフル回転しているはずです。そんなあなたが理解できないのですから、理解できていない人はほかにも必ずいます。**曖昧な意見に対して、ほかの人が何も言わないのは、なんとなく分かった気になっているだけなのです。

「人は、自分が関与してこなかったものには納得しにくい」、これはファシリテーションの根本思想です。ファシリテーターが、白か黒か勝手に判断したり、勝手に解釈したり、分かったつもりをすることはご法度です。ファシリテーターの役目は、参加者を議論に主体的に参加させること。出てきた意見を100％理解できるまで、聞きましょう。いろいろ角度を変えて聞き直しましょう。

理解できていない人がいて、議論の置いてきぼりになっていないか、よく注意してください。**ファシリテーターが〝全員理解〟のために聞き直すことは使命でもあるのです。**

出てこないなら「ぶつける」か「振る」

論点を提示しても、参加者から意見がなかなか出てこないことはあります。特に、今後の方向性を決めるような重たい論点の場合は、口火を切ることは難しいものです。真っ先に意見を出してくれる人がいればいいですが、そういう気概のある方は多くはないでしょう。そういうとき、ファシリテーターとしてどうすればいいでしょうか。

ただ黙って、誰かが意見を出すのを待つというのも一つの手だと思います。しかし、毎回それだと、あまりに人任せなファシリテーターになってしまいますから、ほかの術も持っておきましょう。

1つは、「ぶつける」という術。

意見が出てこないなら、ファシリテーターが第三者の立場として、自分の考えをぶつけ

てみましょう。ぶつける考えは、極端なものであればあるほど良いです。時として、「そんなことありえない」とか、「できるはずがない」とか、強く反論されるぐらいの内容が良いです。反論されたら、その人は術中にはまったようなものです。「どうしてありえないと思いますか？」「どうしてできないと思いますか？」と質問しましょう。反論してしまった人には、根拠を答える責任がありますから、その後の議論につながります。

この「ぶつける」という術を使うには、特に事前準備が重要になります。論点設計をした後に、各論点について、自分なりの仮説をつくっておくのです。「仮説」とは、「現有情報にもとづいた現時点の最善解」でしたよね。「なんでそう思うの？」と言われても困らないように、しっかり現有情報を揃えて、根拠を持った解をつくっておきましょう。根拠なき仮説は妄想に過ぎません。

そして、**この仮説は、1つの論点につき、内容の異なる仮説を2~3つ持っておくと良いです。**いつでも使えるように、懐に忍ばせておきましょう。

もう1つは、「振る」という術。

意見が出てこないなら、特定の人に振ってしまいましょう。「Aさんは、どう思いますか?」と。その論点に対して、Aさんはこういう考えを持っているだろうと想定できていれば、振りやすくなりますから、事前に参加者が各論点に対して、どういう考えがあるか想定しておくと良いです。以前ご紹介したGAPというフレームワークのPであるPeople(参加者)ですね。

大事なことは、むやみにランダムに振らないことです。これに関して、この人は言いたいことがありそうだなという人に〝狙って〟振るのです。

また、一度意見が出たら、「振る」という術はさらに使えます。Aさんの意見が出たら、Aさんの意見に異論がありそうな人に意見を求めましょう。「Aさんは、この論点に対して、×××という意見をお持ちですが、Bさんはどう考えますか?」と。**特に、反対意見がありそうな人に振れば、その人は意見を言わざるを得なくなりますから効果的です。**

私は、この術を、テレビ朝日の『朝まで生テレビ!』で覚えました。よく見ていると、司会の田原総一朗さんは、この術を多用して、議論をけしかけ、全体の熱量を一気に上げています。

第7章

ライティングの掟

せっかくの意見を勝手に丸めて書かない

ホワイトボードは、箇条書きでポイントを押さえて書くことが重要だと述べました。とはいえ、留意してほしいことは、「勝手な解釈で丸めて書かない」ということ。ホワイトボードの活用に慣れてくると、聞いたことを自分の言葉に勝手に直して書いてしまう人が散見されますが、よろしくありません。**特に、発言内容が長いからといって、抽象的な言葉でまとめてしまうことは避けるべきです。**

例えば、いろいろな観点で意見を出してくれたのに、「総合的に重要」とか、「多面的に考えるべし」とか、発言内容を丸めてしまうケースです。

これは第1に、発言者が気持ちよくありません。

重要な意見を言おうとするときには、使う言葉は選ぶものです。どう言ったら伝わりやすいかなとか、どう言ったら誰も傷つかないかなとか、いろいろな考慮があった結果として、発言がされているはずです（もちろん、そうではなく、何も気にせずベラベラ話す人もいますが……）。だとすれば、その考慮は生かしたほうがいいと思いませんか？

ファシリテーターによって、勝手に言葉が言い換えられ、丸められ、曖昧になってしまうと、せっかく考えて発言したかいがありません。

第2に、ホワイトボードを後で見返しても意味が分からなくなります。丸まった言葉を見ても、発言者の意見を思い出すことは非常に難しい。ファシリテーターは自分の言葉に直して書いているので、思い出せるかもしれませんが、ほかの会議参加者はホワイトボード画像を見たところで、なんの話だったか分からないでしょう。ホワイトボード画像は議事録代わりにもなります。画像を見て、参加者の発言が脳内再生され、こんな議論したなと想起させることが重要です。**ホワイトボードはファシリテーターのメモ帳ではないのです。**

では、「丸めて書かない」とはどういうことか。

テレビ番組の字幕をイメージすると良いと思います。特に、バラエティ番組では、誰かが言ったことが面白かったり、次の展開につながったりする場合は、その人の発言が端的に字幕となって表示されますよね。ただし、発言内容の全てが表示されているわけではないし、丸めているわけでもない。絶妙にポイントとなる肉声だけが表示されます。

音声なしでも、字幕さえ見ていれば、面白さは伝わりますし、話の流れも分かります。ホワイトボードでもそのレベルを目指しましょう。

なお、ホワイトボードを書くとき、「スピーディにきれいに文字を書けないよ」と悩む人がいますが、特別きれいに書く必要はありません。議論の中で、ファシリテーターの字の美しさを見たいと思っている人はいないのですから、〝読めればいい〟と割り切りましょう。

それでも、丁寧に書くことは意識したいものです。**きれいであることと、丁寧であることとは、別です**。文章がふにゃふにゃ曲がっていたり、横列が揃っていなかったり、何が書いてあるか分からないというのは、丁寧とはいえません。スピーディかつ丁寧に書ける訓練をしましょう。

複雑なものほど図解する

ファシリテーターとして、ホワイトボードの前に立ち、参加者の発言内容を聞いていると、内容が細かすぎたり、複雑すぎたりして、どうにもホワイトボードに書きにくいことがあります。箇条書きで書き留めても、何を書いているのだか自分でも分からない。誰が何について発言しているのか分からない。

そんなときこそ、図解してみようと頑張ってみてください。複雑なものほど、面倒くさがらずに図解すること。さまつな話になりそうならば、ざっくり大枠で図解すること。**図解できないということは、理解できていないということです。**

もちろん、その図解してみた内容が、参加者の発言内容と合っているかどうかは分かりません。でも、一度図解して示せば、理解の確認ができます。おそらく、議論が複雑になっているときは、完璧に理解できているという人はいないので、全員のために図解は役立ちます。

「それは違う」とか、「私の言っていることはその話じゃない」とか言われることを前提に図解しましょう。「では、今の内容は、どこの部分の話でしょうか？」と聞き直し、図を修正すれば良いのです。**〝たたき台〟を作る覚悟で、図解してみる気概が重要です。**

ホワイトボードは、ファシリテーターのメモ帳ではありません。ホワイトボードは議論用ツールです。ファシリテーターが書き込む内容が違うのであれば、それをホワイトボード上で修正していけば良いのです。そして、**会議参加者全員で議論内容の認識を揃えていく。**そういった使い方ができれば、ホワイトボードを使いこなせたと言っても過言ではないでしょう。

まず、ファシリテーターの書く内容が最初から正しいものである必要はないと割り切ってください。どんどん書いて、議論に使い、可視化の解像度を上げていけば良いのです。

ただし、どんどん書くといっても、ホワイトボードはファシリテーターのメモ帳ではありませんから、自由にお絵描きしていいわけではありません。レイアウトを事前に想定して、分かりやすく丁寧に書くこと。勝手に、丸を付けたり、矢印を書いたり、その場その場で自由に書いたりしないこと。自分なりのルールを決めて、統一感を出しましょう。

ホワイトボードにいくら何を書いたとしても、ホワイトボード上で議論できなければ無価値です。ファシリテーターならば、ホワイトボードは、会議後に、議事録に使えるように書きましょう。

もしかしたら、「図解しましょうって言われても、図解できないものもあるのでは？」と思う人もいるかもしれませんが、そんなことはありません。私は世の中で図解できない事象はないと考えています。

具体的な図解の例としては、第3章のファシリテーション・グラフィック6選をまずは使えるようになりましょう。**どんな議論内容も、ご紹介した6つのどれかで図解が可能です**。ゼロから絵を描く必要はないのです。6つの図を型として覚えてしまい、必要に応じて、どれを使うか見極め、後は、図に内容を埋めていけばよいのです。

バカの1つ覚えで付箋を使わない

ファシリテーターにとって、付箋は有効なツールです。

例えば、参加者が多い場合、提示した論点に対する考えを各人に書いてもらい、ホワイトボードに貼ってもらう。同じ内容はグルーピングして、全体としてどのような意見があるのか俯瞰する。

あるいは、参加者から意見が出にくいときや、特定の人しか話さないような場で付箋を使えば、公平に意見を引き出すことができる。

または、議論が発散気味ならば、付箋を使って意見をまとめておけば、後で議論内容をまとめやすい。付箋は、とても便利なツールです。

しかしながら、付箋は〝万能なツール〟ではありません。**一度付箋を使って上手くいっ**

たからといって、毎回どんな会議でも付箋を使おうとするのは避けましょう。

例えば、少人数でじっくり意見を交わす場で付箋を使うのは、付箋を書くことに時間がかかりすぎて、逆にやりにくくなります。また、識者にヒアリングするような場で付箋を使うのも、場違いでしょう。相手は「話してあげている」感覚かもしれないので、付箋を書かされることにいら立つかもしれません。あくまでも、付箋は1つのツールであり、使い所があるのです。

同様に、これまでにお伝えしたホワイトボードのレイアウトや、パーキングロットといった手法も、1つの考え方にすぎません。私は、箇条書きを3列で書くことを原則としていますが、当然、ホワイトボードの長さによっては3行で書かないこともあります。また、パーキングロットは、論点と関係ない意見を書き留めることに使うのが原則ですが、ホワイトボードに余白がなければ、Todoや次回定例会などの内容もそこで書いてしまうことがあります。**本書でお伝えした手法やツールを100%再現する必要はないのです。**

手法やツールを丸暗記するのではなく、それらの背景にある根本思想を意識してください。どのような期待効果がある手法なのか、どのようなときに使うと、どうして効果が出るのか。しっかりと、自分なりに理解したうえで使ってください。

ファシリテーション研修でいろいろお伝えしても、「こんなの使えない」という反応をする方がたまにいますが、それは手法やツールを表層的に捉えすぎているから、応用が利かないのです。**本書で紹介したものは、少なくとも私が使っていて実際に効果があったものですから、確実に使えると断言します。**

ファシリテーションを習って実務で生かせない人は、漏れなく、ファシリテーションをマニュアル化しようとする傾向があります。これから知識を試すテストを受けるわけではないのですから、手法やツールを丸暗記しても仕方ありません。相手は人間で生物ですから、マニュアル化して対応できるほどファシリテーションは甘くはないのです。

型は覚えても、臨機応変にその型をカスタマイズしつつ、使うこと。経営のフレームワークと同じようなものです。フレームワークも、理論ではなく観点にすぎませんから、覚えるだけでは使えません。

第8章

マインドの掟

「そろそろ時間もないので」と他責にしない

事前に用意していた論点が3つあるのに、1つしか終わらなかった。でも、気づけば会議終了5分前。そんなとき、ズルいファシリテーターは、「そろそろ時間もないので……」と言って、会議を締めようとします。

もしかしたら、読者の皆さんの中にも、それが常套文句になっている方がいるかもしれません。これまでの議論の流れもお構いなしに、時間がないことを理由に議論を切ってしまう。そのやり方はオススメしません。後輩が、「そろそろ時間もないので……」というフレーズを使うたびに、私は厳しく叱ってきました。

会議時間は勝手になくなるわけではありません。予定した通りの時間はあったにもかかわらず、予定通りに終わらせられなかったのは、時間のせいではありません。紛れもなくファシリテーターの責任です。「そろそろ時間もないので……」なんて、それらしい言い訳をしてはいけません。**他責はNGです。**

ファシリテーターには、議論プロセスに責任を持ち、会議成果を創出する役目があります。時間がないから議論が最後まで終わらなかったとか、時間がないから会議は途中でも終わらせたなんてことはあってはならないのです。

それでも、想定よりも時間が押してしまい、会議時間が足りなくなることはあるでしょう。そういうときは、気づいた時点で、「10分延長しても大丈夫ですか？」と確認をするとか、「今日は1つ目の論点の議論で時間を使ったので、最後の論点は次回にします」と軌道修正するとか、あるいは、関係のない意見が出たら、「それは本日の論点とは関係なさそうなので、別の機会で議論させてください」と意見を取捨選択するとか、いくらでもファシリテーターができることはあります。**残り時間が少なくなってきたなら、時間切れを待たずに対処しましょう。**

ファシリテーターは会議時間を有効活用する責任があります。上手いファシリテーターは、オープニング、ボディ、クロージングと会議を進め、終了時刻の1分前に会議を終えます。論点全てを消化できなくても、残論点は次回の会議に回すことを提案し合意を得ることで、決して、〝消化不良感〟を残しません。終わりがバタつくことがないのです。

焦って残論点を議論しても、中途半端になってしまいますから、潔く、時間延長を打診するか、次の会議に回すことを提案する。**時間のせいになんてズルいことはしません。**

会議時間は貴重なリソースです。どんな組織にも、時間無制限に会議をしてしまう人がいますが、NGです。時間を金銭換算すると、とんでもない浪費をしているからです。例えば、5人で1時間会議をしたとします。5人の平均年収が500万円、平均年間労働時間が1600時間とすると、福利厚生費などは除いた単純時給は約3100円です。つまり、5人で1時間会議をしたら、15500円のコストがかかっているということです。**会議は重要ですが、しっかり予定通りの時間で終えることが大前提なのです。**

6~7割しか思った通りにいかないと割り切る

ファシリテーターにとって、「事前準備」はマストですよね。

第2章でもご説明した通り、「事前準備」では、会議目的の設定、検討論点の設計、議論上のリスク検討など、やることは盛りだくさんです。「事前準備」「会議進行」「事後整理」の3つの中で、最も時間をかけるべき工程でしょう。

テレビ番組のMCをやる方だって、事前に台本にはしっかり目を通して、当日の流れを把握しているはずですよね。ファシリテーターは、その〝台本づくり〟からやるわけですから、大変なのは言うまでもないのです。

私がファシリテーターをやる場合には、今でもじっくりと事前準備をします。論点ごとに、自分なりの仮説を持っておきますし、その仮説を投げかけたときに、どういう反応がありそうかも予測しておきます。そして、その反応別に、次の展開の仕方を3パターンは想定しておきます。しかも、そのシミュレーションを日々やり直します。

例えば、今日が月曜日で、来週月曜日にファシリテーターをするという場合は、日曜日までに何度も頭の中でシミュレーションをします。**考える日を変えれば、気づくことも変わるので、あえて毎日やります。**

しかし、それでも（驚くべきことに？）100%想定通りに会議が進むことはありません。7割想定通りにいけば良いほうです。だから、事前にしっかりシミュレーションしても「想定通りは6割ぐらいだろう」と私は割り切っています。

残りの3～4割は想定外。たくさん意見が出ると思っていたのに、意外と意見が出なかったり、逆に、想定していなかったところでいろいろな意見が出たり、AさんとBさんは、同じ意見と関係者から事前に言われていたのに、実際聞いてみたら全くの真逆だったり。そんなことはいまだに枚挙に暇がありません。

そう言うと、「では、もっと会議設計の精度を上げなきゃいけないの？」と思う人がいるかもしれませんが、そういうことではありません。事前シミュレーションには限界がありますから、**会議設計の精度向上に労力を使うよりは、その場の徒手空拳で戦える力や、引き出しを増やすほうが良いのです。**

しっかりと事前準備は怠らず、想定の6割ぐらいは狙いを達成できるようにする。そして、残りの4割ぐらいは、イレギュラー対応できるように、〝地肩〟を強化し、臨機応変に対応できる力を養成するほうが賢明でしょう。

例えば、第3章で紹介した「必ず使える問いかけパターン10」をいつでも使えるようにストックとして持っておく。参加者の意見が、事実か意見か区別できないときには、曖昧なままにせず、しっかり問い直す癖をつける。「ファシリテーション・グラフィック6選」をいつでも使えるようにしておく。

そして、どんな状況でも、困った顔はしない。焦らない。間が持たないときには、ボールを持ち続けるのではなく、会議参加者に質問を投げかけて、考えてもらう。

イレギュラーな展開が起きても、工夫はいくらでもできるはずです。

正しいことに遠慮しない

会議で、「困った人」はいるものです。

例えば、事前に会議資料を送付して、目を通してきてくださいと伝えていたのに、全く読んでいない人。会議目的すら把握せずに会議に参加している人。それでいて、「何を議論しているか分からない」と文句を言う人。悪気なく遅刻してきて、議論に入れない人。急に高尚すぎる意見を言って、自分が賢いと言いたげな人。

そんな人に、ファシリテーターとしてどう対応しますか？　**ファシリテーターならば、苦笑いして様子を見たり、会議参加者と一緒に困ってしまったりしてはダメです。**

ファシリテーターは、議論プロセスに責任を持つ役割ですから、会議進行の中で筋が通らないことがあれば、しっかり正しましょう。ファシリテーターは会議の黒子であり、誰の意見を担ぐわけでもない、中立な立場であるべきです。そのような役割だからこそ、客観的におかしいことにはおかしいと言えなければなりません。ファシリテーターは、正しいことに遠慮してはいけないのです。

忖度《そんたく》もダメです。議論をするうえでは、全員が平等であり、特定の「困った人」によって、〝公平な議論〟が阻害されることがあってはならないのです。

ファシリテーターが遠慮して正せないと、参加者全員に影響が及びます。会議資料を全く読んできていない人がいれば、その分説明をしなければいけませんし、議論途中で遅刻してくる人がいれば、場が乱れます。到底現実的ではない正論だけを投げつける人がいれば、そこから議論は進められません。会議参加者全員の会議時間が浪費されていくわけです。それらに対して、ファシリテーターは、正すこと。必要ならば制すこと。話がずれたら、すぐに軌道修正すること。**待たない、放置しない、さっさと介入すること。**

もしかしたら、それはとても勇気がいることかもしれません。普段からズケズケものが言える人にとっては簡単かもしれませんが、普段は穏やかで平和主義な人にとっては難しいでしょう。

しかしながら、一度見逃すと、「困った人」はさらに強力になります。会議資料を読んでこなくても何も言われなければ、次の会議でも読んでこないでしょう。文脈に合わない意見を放り投げてくる人を許容していれば、次の会議でも同じ行動をするはずです。だから、**初回に言うべきことは言っておくほうがよいのです**。勇気を振り絞りましょう。

ただし、言い方は気をつけてください。会議資料を読んできてない人に対して、「事前に読んでないのはおかしいです」と直接的に言うと、さすがに角が立ちますから、「今回はお読みいただける時間がなかったかもしれませんが、事前にお読みいただければ、その分会議では議論に時間が使えて、〝全員にとって〟効率的になりますから、次回は少しでもお目通しいただけると幸いです」など、言うことは言うけれども、できる限り柔和に伝えたほうが良いでしょう。**言いたいことは言っても、表現を変えれば、相手の心象も変わります**。

ファシリテーターはパフォーマーであり、時としてピエロにもなる

ファシリテーターは、会議の中で1番見られてしまう存在です。会議の〝黒子〟とはいえ、**会議を仕切りますから、参加者の視線は自然とファシリテーターに注がれる時間が多くなるでしょう**。当たり前ですが、それをしっかり意識することが重要です。ヨレヨレのスーツ、うつむき加減、ボソボソ話す。全部NGです。そんな人が議論を回せるなんて思いませんよね？

最近はWEB会議も増えてきましたが、ファシリテーターなら、そこでの身なりも整えること。さっき起きたばかりの寝癖のついた髪で会議を仕切るなんて論外です。

また、ファシリテーターの見え方にも気を配りたいものです。

例えば、ホワイトボードを書くとき、なるべくホワイトボードを背中で隠さないこと。

誰も、ファシリテーターの背中を見たいわけじゃないので、身体は参加者に向けて、ホワイトボードが見えるように書くこと。

また、ホワイトボードを書くとき、ファシリテーターの〝書き待ち時間〟をつくってはいけません。書きながら話す、それが難しければ、問いを投げてから書き進める。いずれも見え方の工夫ができます。**人前に立っている意識、〝パフォーマー〟である意識を持ちましょう。**

もう1つは、自信があるように見せること。

ファシリテーションをしていると、困ることや、イレギュラーなことは発生するものですが、どんなときでも、平然とした態度で解決策を考えましょう。**平然とした〝フリ〟をすれば、気持ちも落ち着き、不思議と頭も働いてきます。**心の中はドキドキしていても、見た目には出さないこと。あえて、ゆっくりと落ち着いた低い声で押し込むように話しましょう。普段は、緊張しがちで、気が小さかったとしても、いつもの素の自分は出さない。やはりファシリテーターは〝パフォーマー〟であるべきなのです。

そして、ファシリテーターは時として〝ピエロ〟でもあるべきだと思います。

会議中にいろいろな意見が出てきますが、それらを自分が理解するだけではNG。ファシリテーターは、会議参加者全員の理解を促すのが仕事ですから、単なる確認質問ばかりして、自分だけ理解して、ほかの人は置いてきぼりなんてあってはなりません。

会議参加者の顔を見て、「これは伝わっていない人がいそうだな」と判断したら、仮に自分が分かっていても、**〝分からないフリ〟をして、「もう少し具体的にお願いします」と詳細説明をお願いしましょう。**

「人は、自分が関与してこなかったものには納得しにくい」と何度も述べてきましたが、〝関与〟の前提には〝理解〟があるはずです。そもそも、意見の内容が理解できなければ、賛成も反対も反応ができません。ただただ沈黙、無関与で終わってしまいます。会議は全員理解が必須。そのためには、ファシリテーターは喜んで〝ピエロ〟になりましょう。

「田中さん、そんなことも知らないの？」と言われても、「すみません、教えてください！」と言えるように。それは言うまでもなく、自分の理解のためではなく、全員理解のための工夫です。

自分のファシリテーションの腕前におごらない

さらなる高みを目指すための掟の最後は、私が1番伝えたいことです。

それは、決して、自分の腕前におごらないということ。ファシリテーションも20回ぐらいこなすと、なんとなく形になってくると思います。１００回を超えると、ファシリテーションの要諦も分かってきて、組織内では、「あの人はファシリテーションが上手い」と言われるぐらいの存在になるのではないでしょうか。

でも、ここで断言しますが、**「最近できるわ〜」と思っているときは成長していません。**「まだまだ全然ダメだ……」と感じていないと、さらなる成長はないのです。

私もこれまでに何人ものコンサルタントやクライアントに対して、ファシリテーションを教えてきました。特に、直接の部下だったコンサルタントには、理論研修も行いまししたし、実践でもファシリテーションに対してアドバイスをたくさんしてきました。
それを見ている限り、やはり、実践を100回ぐらいこなすと、〝それっぽいファシリテーション〟ができるようになるので、私も仕事を任せることができます。ただ、そこで満足してしまう人は、そこから成長はしなかったですし、**〝それっぽいファシリテーション〟の域を超えることはありませんでした。**

やはり、ファシリテーションというスキルにゴールはないのだと思います。ファシリテーション〝道〟という表現が正しいのでしょう。いくらファシリテーションが上手くなったからといって、上には上がいますし、自分が成長できる余地は無限にあります。
本書では、ファシリテーションの型をお伝えしてきたつもりですが、その型を覚えるだけでは不十分。実践で試して、自分なりにカスタマイズして、その場面場面で応用していく。**経験から生まれた教訓は、自分オリジナルの型となり、さらに自分の引き出しも増えていく。**そんな連続です。

私は、コンサルタント経験もそれなりに積んできましたし、立場もプロジェクトをマネージするというよりは、品質管理として、メンバーをサポートすることがほとんどです。コンサル会社を経営している身なので、現場に出られる時間も限りがあります。

それでも、あえて自分の腕が錆びつかないように、ファシリテーションする機会をつくっています。私が法人研修や大学院で教えるという目的の1つもそれです。**やはり人前に立って、場を仕切り、自分の空気を創るというのは面白いですが、いつになっても難しいなと思わされます。**

ただ、経験をずっと積み続けているからこそ、今でも自分のファシリテーションの成長を感じることがあります。

例えば、若手のころは、相手に問いかけても反応が薄いと、沈黙が不安になり、畳み掛けるように質問してしまっていた悪い癖がありましたが、近年は、沈黙がそこまで気にならずに、回答を待てるようになりました。期待をして、じっくり温かく見守っていれば、相手は一生懸命考えて答えてくれたりするものです。

成長曲線の傾き具合は分かりませんが、現役でいる限り、いつまでも歩みを止めずに、成長していきたいと思っています。

おわりに

私は大学を卒業して、いわゆる、外資系戦略コンサルティングファームに入社しました。入ってみると、周りの人はピカピカな経歴で、賢くて、そして努力家で、（たいていの人は？）キラキラしていました。そんな中で、私は右も左も分からないまま、目の前の仕事に取り組み、毎日遅くまで必死に働いていました。

私が未熟だったこともありますが、本当にこの調査・分析・資料作成は必要なのか？と疑問に思うことはあっても、そんなことを立ち止まって考えている時間がありませんでした。毎週のクライアント会議には、新しいPowerPointページを50枚ぐらい作成して持っていきました。

当時は、WEB会議ではなく、クライアント先に往訪するのが普通だったので、オフィスを出なければ遅刻してしまうギリギリまで資料を作成します。そして、もう時間の限界だ！　となったら、急いで印刷して、黒クリップで資料を留めて、会議参加者分を用意するわけです。1部50枚で、会議参加者が10人だとしたら、合計500枚。丈夫な紙袋に大量の資料をバサッと突っ込んで、片手に担いで、タクシーに急いで飛び乗ったことを今でも思い出します。

その後、私は、もう少しクライアントと距離の近いコンサルティングがしたくて、実行支援が得意なコンサルティングファームに転職をしました。

前職では、毎週、大量の資料を作成して、クライアント会議に臨むのが当たり前でしたから、会社は変われども、資料作成をするのが当然だと思っていました。

そんなあるとき、この会社の社長でもある先輩コンサルタントと一緒にクライアント会議に参加することになりました。転職先の先輩コンサルタントと初めて一緒に会議に参加できる機会でしたから、私は意気込んで、「よし、たくさん資料作るぞ」なんて思っていました。

先輩からは特に具体的な指示もなかったので、自分なりに考えて、資料を用意していたわけですが、先輩コンサルタントは、当日持っていく資料のことなど全く気にも留めていない様子。挙句の果てには、「大丈夫だよ、この1、2枚あるし、もう考えてあるから」なんて言う始末。これまで大量の資料を抱えて、クライアント会議に臨んでいた身としては、資料もたいして用意せずに会議に臨むなんて、裸で戦いに行くものだと思っていたので、心配になりました。

「ほんとに大丈夫かなぁ」なんて思いながら、クライアント会議に参加してみると、その先輩コンサルタントの会議さばきが鮮やかでスマートで……。言葉通り、カルチャーショックを受けました。なんと、資料1、2枚だけでクライアントと非常に有益な議論ができたのです。

検討すべき論点を示し、クライアントから意見を引き出し、それをホワイトボードに記載し、分かりやすくまとめていく。何か言いたそうな人には話を振り、逆サイドの意見を引き出す。議論が停滞しそうになったら、自分の仮説をぶつけ、反応を見る。気づけば、クライアント同士が深い議論をしている。そして、ふと振り返ると、ホワイトボードには、今日の議論内容のハイライトがあり、ネクストアクションも決まっている。

終わってみたら、会議前にはちょっと不機嫌そうだったクライアントも晴れやかな顔をして、「おかげで良い議論ができました。ありがとうございます」なんて、感謝までしてくれている。「え、これはなんだ?! 何が起きたんだ?!」と、私は衝撃を受けました。これが、私とファシリテーションの出会いです。もちろん、ファシリテーションという言葉は知っていましたし、そういうことがスキルとして存在することも知っていましたが、どこかでバカにしていたのです。「ファシリなんて司会進行でしょ」と……。

コンサルティングの現場でファシリテーションが有用であることを知ってから、ファシリテーションの社内外の研修も受けましたし、ファシリテーションの本を読み漁りました。ファシリテーションにドハマリしたのです。

その後、幸いにも、別会社に転職してからも、ファシリテーションをする機会に恵まれました。恵まれすぎたといってもいいかもしれません。大手企業のＰＭＩ（ポスト・マージャー・インテグレーション）のコンサルティングを担当したときには、日本各地の子会社に出張して、毎日朝から晩まで、マネジメントから現場の方々まで、ありとあらゆる方々と会議を行いました。

当時は、会議1回3時間を1日3〜4回、週3〜4日やっていましたから、1カ月換算だと、150時間程度のファシリテーションをしていたことになります。それが半年続くこともありましたから、一気に1000時間ほどの経験を積んだことになります。

当時若かったとはいえ、日々の会議準備も大変ですが、毎日、ホワイトボードの前で10時間近く立って話していると、足がパンパンで棒のようになりましたし、声もよく枯れていました。でも、あのころにギュッとまとまった経験を積むことができて、コンサルタントとしては幸せだったなと今では思います。

コンサルティング業界には、本当に賢くて優秀だなと思う人がたくさんいます。クライアントにコンサルティングするわけですから、当然、コンサルタントは優秀じゃないと困るわけですが、そうだとしても、仕事に熱心で努力家で向上心のある人が多いと思います。

一方、私は、業界の中で、特別何かに優れているわけではないですし、他者を凌駕するような資格や専門性を持っているわけではありません。唯一あるとしたら、クライアントに貢献したいという気持ちが人一倍強いということぐらいが武器かもしれません。

そんな私が業界で今までサヴァイブできて、独立もして自分のコンサル会社をやれている理由の1つには、ファシリテーションスキルというものがあったからのように思います。

ファシリテーションスキルだけあっても難しいかもしれませんが、問題解決能力やファイナンススキルに、ファシリテーションスキルが掛け合わさることで、ほかのコンサルタントにはまねできない（しにくい）価値提供ができていると自負しています。

これまでの経験に、ファシリテーションを掛け合わせる。それが自身の希少価値を上げる方法なのかもしれません。

本書は、私の通算3冊目の著作となります。1冊目と2冊目は、私の本業のコンサルティングテーマであるM&Aについて書いた専門書だったので、ジェネラルなビジネススキルにフォーカスを当てたのは本書が私にとって初めてとなります。

1、2冊目は専門書という性質ゆえに知識や知見を中心に記載しましたが、本書では、経営コンサルタントとしての私が大事だと思うことを存分に書けたと思います。そういう意味では、最も、私の価値観が滲んでいるかもしれません。

私には、言という息子と、乃令果という娘がいます。子どもたちが将来、社会に出て仕事をするとき、本書が参考になればいいなと想像しながら書きました。末永く、皆さまに読んでいただけることを祈願して、本書の結びとさせていただきます。

これまで、私とお仕事を一緒にさせていただいた皆さま、どうもありがとうございます。おかげさまで、ファシリテーションスキルを向上させることができましたし、結果として、本書を書くこともできました。

また、執筆機会をご提供してくださった、総合法令出版の原口さま、辛抱強くお待ちくださった、市川さまには厚く御礼申し上げます。ありがとうございました！

MAVIS　PARTNERS　田中大貴

会議の心得

一．とにかく立つ！　座らない！　立ってホワイトボードに書く！
　最初は読めればいいいから。

二．理想がない人には、何が問題かも分かるわけがない。自分の理想を常に持つ！
　なんとなく会議に出て、なんとなく終わって、なんとなく反省⇓成長するわけがない。

三．中身ではなく、〝考え方〟で勝負する！
　付け焼刃の知識で価値を出そうとしない！

四．空気が読めて三流。空気に乗れて二流。空気が創れて一流！
　どんな状況でも、誰が相手でも、〝自分の世界観〟で勝負できるようになること。

五.　他人事で考えている限り、クライアント（会議参加者）を理解できない。
何事も自分事で捉えること。

六.　現状把握とは現象をおさえることではない。
どうしてそうなったか、〝からくり〟を解き明かすこと。

七.　どんなにヤバいときでも、平然と涼しい顔をして最善策を考えること。
「平然としたフリ」をすれば、不思議と気持ちも落ち着き、頭も働いてくれる。

八.　同じ事実でも、捉え方次第でピンチにもチャンスにもなる。
いちいち一喜一憂しない！

九.　有言実行と言行一致が、信頼を創る！　細かい約束でも必ず守ること！

十.　勝つためには考えるしかない。不安を抑えるためには考えるしかない。
生きるためには考えるしかない。
悩んだり、落ち込んだりする時間があったら、考えること。

【著者紹介】
田中大貴（たなかだいき）

MAVIS PARTNERS　プリンシパル
早稲田大学商学部卒。
マッキンゼー・アンド・カンパニー、ジェネックスパートナーズ、マーバルパートナーズ（現 PwC アドバイザリーの Deals Strategy 部門）、ベイカレント・コンサルティングの M&A Strategy 部門長を経て現職。グロービス経営大学院にてファイナンス講師も務める。

本書の内容に関してご質問等あれば、下記までお問い合わせください。
MAVIS PARTNERS 株式会社　https://mavispartners.co.jp/
お問い合わせ先　info@mavispartners.co.jp

論点思考×累計1万時間の実践知
ファシリテーションの正攻法

2024年6月24日　初版発行

著　者　田中大貴
発行者　野村直克
発行所　総合法令出版株式会社
〒103-0001 東京都中央区日本橋小伝馬町 15-18
EDGE 小伝馬町ビル 9 階
電話　03-5623-5121
印刷・製本　中央精版印刷株式会社

ISBN 978-4-86280-952-0
総合法令出版ホームページ　http://www.horei.com